ITALIAN SHORT STORIES BEGINNERS VOLUME 2

8 *MORE* UNCONVENTIONAL SHORT STORIES TO GROW YOUR VOCABULARY AND LEARN ITALIAN THE FUN WAY!

OLLY RICHARDS

Olly Richards Publishing

olly@iwillteachyoualanguage.com

Trademarked names appear throughout this book. Rather than use a trademark symbol with every occurrence of a trademarked name, names are used in an editorial fashion, with no intention of infringement of the respective owner's trademark.

The information in this book is distributed on an "as is" basis, without warranty. Although every precaution has been taken in the preparation of this work, neither the author nor the publisher shall have any liability to any person or entity with respect to any loss or damage caused or alleged to be caused directly or indirectly by the information contained in this book.

Italian Short Stories for Beginners Volume 2: *8 More Unconventional Short Stories to Grow Your Vocabulary and Learn Italian the Fun Way!*

ISBN-978-1535278904

ISBN-1535278900

Free Masterclass:
How To Read Effectively In A Foreign Language

As a special thank you for investing in this book, I invite you to attend a FREE online workshop. You'll learn my advanced techniques for effective reading, so you can make the most of these stories.

To register for the workshop, simply visit:

http://iwillteachyoualanguage.com/readingmasterclass

Books in this Series

Spanish Short Stories For Beginners

Spanish Short Stories For Beginners Volume 2

German Short Stories For Beginners

Italian Short Stories For Beginners

Italian Short Stories For Beginners Volume 2

Russian Short Stories For Beginners

French Short Stories For Beginners

English Short Stories For Intermediate Learners

Spanish Short Stories For Intermediate Learners

Italian Short Stories For Intermediate Learners

Many of these titles are also available as audiobooks

For more information visit:

http://iwillteachyoualanguage.com/amazon

Preface

In many ways, *Italian Short Stories For Beginners* is the book I wish I had when I started learning Italian. As a lover of books, I was often frustrated by a lack of material that was not only suitable for me as a beginner, but also engaging and interesting to read. In short, books that would help me learn Italian and leave me wanting more.

Shortly after publication, *Italian Short Stories For Beginners* became an international bestseller. I soon began receiving emails asking for a second volume. It is, therefore, with great pleasure that I present Volume Two of these unconventional short stories.

Inside, you will find eight captivating new stories which follow the format of the first volume, with short chapters, helpful vocabulary lists, and regular plot summaries. For those of you who own Volume One, you will also notice the introductory material on reading techniques has been kept the same, for the benefit of new readers.

It has been great fun creating *Italian Short Stories For Beginners Volume Two*, and I hope you enjoy it just as much as the first!

Introduction

This book is a collection of eight unconventional and entertaining short stories in Italian. Written especially for beginners and low-intermediate learners, equivalent to A1-A2 on the Common European Framework of Reference, they offer a rich and enjoyable way of improving your Italian and growing your vocabulary.

Reading is one of the most effective ways to improve your Italian, but it can be difficult to find suitable reading material. When you are just starting out, most books are too difficult to understand, contain vocabulary far above your level, and are so lengthy that you can soon find yourself getting overwhelmed and giving up.

If you recognise these problems then this book is for you. From science fiction and fantasy to crime and thrillers, there is something for everyone. As you dive into these eight unique and well-crafted tales, you will quickly forget that you are reading in a foreign language and find yourself engrossed in a captivating world of Italian.

The learning support features in the stories give you access to help when you need it. With English definitions of difficult words, regular recaps of the plot to help you follow along, and multiple-choice questions for you to check important details of the story, you will quickly absorb large amounts of natural Italian and find yourself improving at a fast pace.

Perhaps you are new to Italian and looking for an entertaining challenge. Or maybe you have been learning for a while and simply want to enjoy reading whilst growing your vocabulary. Either way, this book is the biggest step forward you will take in your Italian this year.

So sit back and relax. It's time to let your imagination run wild and be transported into a magical Italian world of fun, mystery, and intrigue!

Table of Contents

About the Stories

A sense of achievement and a feeling of progress are essential when reading in a foreign language. Without these, there is little motivation to keep reading. The stories in this book have been designed with this firmly in mind.

First and foremost, each story has been kept to a manageable length and broken down into short chapters. This gives you the satisfaction of being able to finish reading what you have begun, and come back the next day wanting more! It also reduces the extent to which you feel overwhelmed by how much you have left to learn when starting to learn Italian.

The linguistic content of the stories is as rich and as varied as possible, whilst remaining accessible for lower-level learners. Each story belongs to a different genre in order to keep you entertained, and there are plenty of dialogues throughout, giving you lots of useful spoken Italian words and phrases to learn. There is even a deliberate mix of tenses from one story to the next, so that you get exposure to common verbs in a mixture of past, present and future verb forms. This makes you a more versatile and confident user of Italian, able to understand a variety of situations without getting lost.

Many books for language learners include English translations for the entire story, known as parallel texts. Although these can be popular, parallel texts have the major disadvantage of providing an "easy option". Learners inevitably find themselves relying on the English translation and avoiding the "struggle" with the original Italian text that is necessary in order to improve. Consequently, instead of including a parallel text, *Italian Short Stories for Beginners Volume 2* supports the reader with a number of learning aids that have been built directly into the stories.

Firstly, difficult words have been bolded and their definitions given in English at the end of each chapter. This avoids the need to consult a dictionary in the middle of the story, which is cumbersome and interrupts your reading. Secondly, there are regular summaries of the plot to help you follow the story and make sure you haven't missed anything important. Lastly, each chapter comes with its own set of comprehension questions to test your understanding of key events and encourage you to read in more detail.

Italian Short Stories for Beginners Volume 2 has been written to give you all the support you need, so that you can focus on the all-important tasks of reading, learning and having fun!

How to Read Effectively

Reading is a complex skill, and in our mother tongue we employ a variety of micro-skills to help us read. For example, we might *skim* a particular passage in order to understand the gist. Or we might *scan* through multiple pages of a train timetable looking for a particular time or place. If I lent you an Agatha Christie novel, you would breeze through the pages fairly quickly. On the other hand, if I gave you a contract to sign, you would likely read every word in great detail.

However, when it comes to reading in a foreign language, research suggests that we abandon most of these reading skills. Instead of using a mixture of micro-skils to help us understand a difficult text, we simply start at the beginning and try to understand every single word. Inevitably, we come across unknown or difficult words and quickly get frustrated with our lack of understanding.

Providing that you recognise this, however, you can adopt a few simple strategies that will help you turn frustration into opportunity and make the most of your reading experience!

* * *

You've picked up this book because you like the idea of learning Italian with short stories. But why? What are the benefits of learning Italian with stories, as opposed to with a textbook? Understanding this will help you determine your approach to reading.

One of the main benefits of reading stories is that you gain exposure to large amounts of natural Italian. This kind of reading for pleasure is commonly known as *extensive reading*. This is very different from how you might read Italian in a textbook. Your textbook contains short dialogues, which you read in detail with the aim of understanding every word. This is known as *intensive reading*.

To put it another way, while textbooks provide grammar rules and lists of vocabulary for you to learn, stories show you natural language *in use*. Both approaches have value and are an important part of a balanced approach to language learning. This book, however, provides opportunities for extensive reading. Read enough, and you'll quickly build up an innate understanding of how Italian works - very different from a theoretical understanding pieced together from rules and abstract examples (which is what you often get from textbooks).

Now, in order to take full advantage of the benefits of extensive reading, you have to actually read a large enough volume in the first place! Reading a couple of pages here and there may teach you a few new words, but won't be enough to make a real impact on the overall level of your Italian. With this in mind, here is the thought process that I recommend you have when approaching reading the short stories in this book, in order to learn the most from them:

1. Enjoyment and a sense of achievement when reading is vitally important because it keeps you coming back for more
2. The more you read, the more you learn
3. The best way to enjoy reading stories, and to feel that sense of achievement, is by reading the story from beginning to end
4. Consequently, reaching the end of a story is the most

important thing... more important than understanding every word in it!

This brings us to the single most important point of this section: **You must accept that you won't understand everything you read in a story.**

This is completely normal and to be expected. The fact that you don't know a word or understand a sentence doesn't mean that you're "stupid" or "not good enough". It means you're engaged in the process of learning Italian, just like everybody else.

So what should you do when you don't understand a word? Here are a few ideas:

1. Look at the word and see if it is familiar in any way. If English is your mother tongue, there are often elements of Italian vocabulary that will be familiar to you. Take a guess - you might surprise yourself!
2. Re-read the sentence that contains the unknown word a number of times over. Using the context of that sentence, and the rest of the story, try to guess what the unknown word might mean. This takes practice, but is often easier than you think!
3. Make a note of the word in a notebook, and check the meaning later
4. Sometimes, you might find a verb that you know, conjugated in an unfamiliar way. For example:

> **parlare** - to speak
>
> **parleranno** - they will speak
>
> **parlassi** - I would speak (subjunctive)

You may not be familiar with this particular verb form, or not understand why it is being used in this case, and that may frustrate you. But is it absolutely necessary for you to know this right now? Can you still understand the gist of what's going on? Usually, if you have managed to recognise the main verb, that is enough. Instead of getting frustrated, simply notice how the verb is being used, and then carry on reading!

5. If all the other steps fail, or you simply "have to know" the meaning of a particular word, you can simply turn to the end of the chapter and look it up in the vocabulary list. However, this should be your last resort.

The previous four steps in this list are designed to do something very important: to train you to handle reading independently and without help. The more you can develop this skill, the better able you'll be to read. And, of course, the more you can read, the more you'll learn.

Remember that the purpose of reading is not to understand every word in the story, as you might be expected to in a textbook. The purpose of reading is to enjoy the story for what it is. Therefore if you don't understand a word, and you can't guess what the word means from the context, simply try to keep reading. Learning to be content with a certain amount of ambiguity whilst reading a foreign language is a powerful skill to have, because you become an independent and resilient learner.

The Six-Step Reading Process

1. Read the first chapter of the story all the way through. Your aim is simply to reach the end of the chapter. Therefore, do not stop to look up words and do not worry if there are things you do not understand. Simply try to follow the plot.

2. When you reach the end of the chapter, read the short summary of the plot to see if you have understood what has happened. If you find this too difficult, do not worry.

3. Go back and read the same chapter again. If you like, you can read in more detail than before, but otherwise simply read it through one more time.

4. At the end of the chapter, read the summary again, and then try to answer the comprehension questions to check your understanding of key events. If you do not get them all correct, do not worry.

5. By this point, you should start to have some understanding of the main events of the chapter. If you wish, continue to re-read the chapter, using the vocabulary list to check unknown words and phrases. You may need to do this a few times until you feel confident. This is normal, and with each reading you will gradually build your understanding.

6. Otherwise, you should feel free to move on to the next chapter and enjoy the rest of the story at your own pace, just as you would any other book.

At every stage of the process, there will inevitably be words and phrases you do not understand or cannot remember. Instead of worrying, try to focus instead on everything that you *have* understood, and congratulate yourself for everything you have done so far.

15

Most of the benefit you derive from this book will come from reading each story through from beginning to end. Only once you have completed a story in its entirety should you go back and begin the process of studying the language from the story in more depth.

Annessi ad ogni capitolo

- Riassunto
- Vocabolario
- Domande a risposta multipla
- Soluzioni

Appendices to each chapter

- Summary
- Vocabulary
- Multiple-choice questions
- Answers

RACCONTI

1. Il castello

Capitolo 1 – Il detective

Questa storia racconta il caso più importante del detective Morgan. Il detective Morgan era un uomo molto alto e **forte**. Aveva i capelli neri e un po' lunghi. Il lavoro principale del detective era quello di **risolvere crimini**, ma spesso si occupava anche di altro. Lavorava da molti anni come detective, cercando di risolvere **i reati**. Viveva in una città **abbastanza isolata**. Era una cittadina che **contava pochi abitanti,** eppure c'erano sempre dei casi da risolvere.

Il detective iniziava sempre a lavorare alle otto del mattino. Un martedì si alzò dal letto e andò in cucina **per fare colazione**. Preparò il caffè con un nuovo tipo di **miscela** che aveva comprato nel negozio **all'angolo**. Il negozio aveva aperto da poco e vendeva prodotti **stranieri**. Morgan amava provare nuovi sapori e per questo **faceva la spesa** lì.

Aprì **la credenza** e prese **una tazzina** per il caffè. Poi aprì il frigo, prese il latte e ne versò un poco nel caffè. Quindi si sedette al tavolo della cucina. Mentre beveva il caffè leggeva **il giornale**. Non c'era niente di interessante, come sempre. Le notizie del **quotidiano** della città erano noiose. **Dopo aver sfogliato** diverse pagine, finalmente trovò qualcosa che lo incuriosì:

–Wow! – **esclamò** Morgan con il giornale ancora in mano – Questo è incredibile!

Morgan continuò a leggere. Era un articolo che gli interessava. Parlava del castello che si trovava **fuori città**. Il castello era molto antico. **Il proprietario** del castello si chiamava Harrison ed era un uomo con tantissimo denaro.

–**Non ci posso credere**! – esclamò Morgan mentre leggeva l'articolo.

L'articolo diceva che nel castello era successo qualcosa. Era accaduto **qualcosa di brutto**. Non aveva ancora finito di leggere l'articolo, **né** di bere il caffè, quando **squillò il telefono** di casa.

Morgan si alzò per rispondere, era il suo **capo**.

–Buongiorno, Morgan.
–Buongiorno, capo. Che notizie ci sono?
–Ho bisogno che tu venga in ufficio.
–È successo qualcosa?

Morgan chiese se era successo qualcosa perché di solito era una città tranquilla e se il capo lo chiamava così presto doveva esserci un motivo. L'articolo sul giornale parlava di un fatto importante e la chiamata del suo capo **doveva avere a che vedere con** questo.

–Sì, Morgan. Sai quello che è successo?
–No, non lo so.
–Hai letto l'articolo sul giornale sul castello di Harrison?
–Sì, ho letto qualcosa.
–Ho bisogno che tu venga subito in ufficio. **Di corsa!**
–OK, arrivo!

Morgan chiuse il telefono e prese **il cappotto**. Il cappotto era nero e lungo, quasi fino ai piedi. Gli piaceva perché lo copriva bene quando d'inverno faceva molto freddo. Uscì di casa e salì in macchina. **Mise in moto** l'auto e si diresse in ufficio.

L'ufficio si trovava dall'altra parte della città, lontano da dove abitava lui. Era in una zona un po' più centrale, con più gente, ma pur sempre in una zona tranquilla. Morgan arrivò a destinazione, **scese dalla macchina** e andò verso la porta d'ingresso. Lì davanti c'era **un addetto alla sicurezza**. La guardia salutò il detective.

–Buongiorno, detective. Ben arrivato.
–Grazie, buongiorno! – rispose Morgan.

Il detective entrò nell'edificio. Al suo interno, la gente sembrava **nervosa**. Lavoravano tutti di corsa. Di sicuro era successo qualcosa.

Morgan salì le scale e superò diversi uffici. Alla fine del corridoio vide la porta del suo ufficio e la raggiunse. Sulla porta c'era **una placca** con il suo nome. Stava per entrare, ma il suo capo lo vide e urlò:

–Morgan, qui!

Il suo capo voleva che il detective andasse da lui.

–Siediti – gli ordinò il suo capo.

Morgan si sedette sulla sedia davanti alla **scrivania** del capo. Il suo capo iniziò a parlare:

–Dunque... Intanto buongiorno. Parliamo subito della situazione.
–Che situazione? – chiese il detective.

–Quelli del giornale hanno scritto un articolo, però non sanno quello che sta succedendo davvero.

–E lei lo sa, capo?

–Sì, per questo ti ho fatto venire in ufficio.

Il detective notò che il suo capo era abbastanza preoccupato, però Morgan non fece domande. Continuò semplicemente ad ascoltare.

–Allora, di che si tratta, capo? È qualcosa di grave?

–Sì. Harrison è tornato al castello.

Morgan si mise a pensare. Questa non era una cosa strana. Era un fatto normale. Non comune, ma normale. Harrison a volte tornava al castello e trascorreva lì qualche giorno. Poi ripartiva e lasciava il castello chiuso per molto tempo.

–Ma capo, non è una cosa così strana.

–Sì, infatti questo è normale.

–Quindi? Non capisco.

–Ogni volta che Harrison torna al castello, riparte sempre dopo una settimana. Ma è ancora lì.

Il detective Morgan **non ci trovava nulla di strano** in questo. Perché mai tutto questo mistero?

–Continuo a non capire.

–Uno dei custodi era andato lì per la solita manutenzione ma ha sentito delle **grida** spaventose provenire dal castello. Così è scappato via prima di entrare.

–Grida?

–Sì, detective. Sicuramente erano grida di Harrison. È successo o sta succedendo qualcosa al castello. Non sappiamo bene cosa ma di sicuro non si tratta di niente di buono.

–Se hanno sentito gridare, sicuramente non deve essere nulla di buono!

–Proprio così, detective. E voglio che tu vada al castello a investigare.

–Perché io?

–Sei il nostro miglior detective. Voglio che tu vada al castello e che risolva il caso. Fa' molta attenzione, potresti trovare una situazione pericolosa.

Il detective Morgan non aveva **paura**. Era un uomo molto coraggioso e preparato per ogni tipo di situazione. Il capo continuò a parlare.

–Mettiti in macchina e raggiungi il castello prima che si faccia notte. Trova Harrison e torna qui. Vogliamo sapere quello che sta succedendo laggiù.

–Va bene. **C'è altro**, capo?

–Nient'altro. È tutto. Prendi la pistola e ripeto: stai molto attento.

–Stia tranquillo, lo farò.

Morgan si alzò dalla sedia e **si congedò**. Uscì dall'ufficio e poi dall'edificio, quindi salì in macchina. Indossava il cappotto anche in macchina. Mise in moto e partì in direzione del bosco. Prese l'autostrada che portava al castello.

Annesso al capitolo 1

Riassunto

Il detective Morgan lavora in una città molto tranquilla. Una mattina legge sul giornale un articolo preoccupante: sembra essere successo qualcosa di strano al castello fuori città. Il suo capo lo chiama per telefono e gli dice di correre in ufficio. Quando Morgan arriva a lavoro, il capo gli spiega che Harrison, il proprietario del castello fuori città, non è ancora ripartito. Di solito Harrison rimane solo pochi giorni, ma non questa volta. La faccenda è ancora più preoccupante perché un custode del castello ha sentito delle grida provenire dal castello. Il capo chiede a Morgan di andare laggiù a risolvere il mistero.

Vocabolario

- forte = strong
- risolvere crimini = to solve crimes
- i reati = the offences, the crimes
- abbastanza isolata = quite isolate, quite remote
- contava pochi abitanti =(the town) counted few inhabitants
- per fare colazione = to have breakfast
- miscela = coffee blend
- all'angolo = at the corner
- stranieri = foreign
- faceva la spesa = (he) would do his shopping
- la credenza = the cupboard
- una tazzina = a small cup, a coffee cup
- il giornale = the newspaper
- quotidiano = daily newspaper
- Dopo aver sfogliato = After having flicked (through the

pages)
- esclamò = (he) exclaimed
- fuori città = outside the city
- Il proprietario = the owner
- Non ci posso credere! = I can't believe it!
- qualcosa di brutto = something bad
- né = neither, nor
- squillò il telefono = the telephone rang
- capo = boss
- doveva avere a che vedere con = it had to do with, it had to be related with
- Di corsa! = Quickly!
- il cappotto = the coat
- Mise in moto = (he) started the engine/car
- scese dalla macchina = (he) got off the car
- un addetto alla sicurezza = security guard
- nervosa = nervous
- una placca = a name plate, sign
- scrivania = desk
- non ci trovava nulla di strano = there was nothing wrong for him
- grida = screams
- paura = fear
- C'è altro? = Anything else (I should know)?
- si congedò = (he) took his leave, (he) said goodbye and left

Domande a risposta multipla
Seleziona una sola risposta per ogni domanda

1. Il posto dove viveva il detective era:
    a. Rumoroso
    b. Tranquillo
    c. Una città molto grande
    d. Una fattoria

2. Il detective Morgan beve:
    a. Birra
    b. Cioccolata
    c. Acqua
    d. Caffè

3. Il proprietario del castello:
    a. Vive sempre al castello
    b. Visita il castello raramente
    c. Visita il castello molto spesso
    d. Non si conosce

4. Morgan ha un ufficio proprio:
    a. Giusto
    b. Sbagliato
    c. Divide l'ufficio con un collega
    d. Divide l'ufficio con il suo capo

5. Il capo ordina a Morgan:
    a. Di andare a casa
    b. Di andare a chiamare aiuto
    c. Di andare al castello
    d. Di rimanere in ufficio

Soluzioni capitolo 1

1. a
2. d
3. b
4. a
5. c

Il detective Morgan **guidò** la macchina su una strada stretta che **attraversava** il bosco. La strada era in cattive condizioni ed era **poco usata**. **Veniva percorsa** solo per andare al castello di Harrison. **Il municipio** della città non si occupava della riparazione di quella strada.

Il detective sentiva freddo e per questo **accese il riscaldamento** dell'auto. **Si stava facendo buio.** La strada era visibile **a malapena**. Per potere vedere meglio, accese **gli abbaglianti**.

Morgan non sapeva cosa avrebbe trovato al castello. Il suo capo non sapeva di preciso cosa stava succedendo **laggiù**. L'articolo del giornale diceva che si trattava di qualcosa misterioso. Nessuno sapeva niente di preciso, però Morgan **avrebbe scoperto** la verità. Aveva la pistola nella **fondina per ogni evenienza**. Aveva anche un cellulare per parlare **col** suo capo. Prese il telefono e lo chiamò.

Il telefono del capo squillò. Lui rispose subito:
–Morgan, dove sei?

Il detective attivò **il vivavoce** per poter parlare con il suo capo mentre guidava. Non voleva **distrarsi**. Parlare al telefono mentre si è alla guida può provocare incidenti e lui non voleva averne uno.

–Morgan? – ripeté il capo.

Finalmente il vivavoce si era attivato e il detective rispose al suo capo.
–Pronto, capo. Scusi, stavo attivando il vivavoce.
–**Non fa niente**. Dimmi, dove ti trovi?

–Sto andando al castello. Però non sono ancora arrivato.

–Hai preso la stradina attraverso il bosco?

–Sì, sono su quella strada. È in condizioni terribili. La mia macchina fa dei rumori strani.

Il capo **rise sotto i baffi**.

–Va bene, Morgan. Sta' attento. **Non agganciare** il telefono. Lascia il vivavoce attivato. Hai abbastanza batteria?

–Sì, il telefono è carico al 100%.

–Perfetto, continua a guidare.

Il detective continuò a guidare e finalmente vide il castello in lontananza.

–Capo, vedo il castello.

–Perfetto. Continua.

D'un tratto, Morgan notò qualcosa alla fine della strada.

–Capo? Vedo qualcos'altro in lontananza.

–Qualcos'altro?

–Sì, credo che si tratti di una macchina **parcheggiata** vicino all'entrata.

–Ah, sì! Morgan, **mi ero dimenticato di dirtelo. Ho mandato** l'agente Roman qualche ora fa per investigare e risolvere il caso. Ti aiuterà lui.

–Roman? Chi è Roman?

–Roman è il nuovo agente. Sta con noi da poco tempo.

Il detective Morgan aveva capito a chi si riferiva il capo. Roman era uno nuovo, che aveva conosciuto poco tempo prima che iniziasse a lavorare con loro. Morgan non lo conosceva bene e si ricordava **a malapena** com'era fatto: era

29

biondo e un poco basso di statura, però sembrava molto forte.

–OK, capo! – gli rispose Morgan.

Il detective arrivò davanti all'entrata del castello e lì trovò la macchina di Roman parcheggiata, ma con **le portiere** aperte.

–Che strano... – disse Morgan.
–Che succede? – chiese il capo.
–Le portiere dell'auto di Roman sono aperte. Ha lasciato la macchina aperta però non c'è nessuno qui. Roman **dovrà essere** sicuramente all'interno del castello.
–Di sicuro è lì! – ripetè il capo.

Morgan fermò la macchina, prese una torcia e controllò la pistola. Era quasi notte. Si avvicinò all'auto di Roman. Entrò nella macchina di Roman per **ispezionarla**. **A prima vista**, non notò nulla di strano. Poi però si accorse di qualcosa.

–E questo cos'è? – disse Morgan.
–Che succede, detective? – gli chiese il capo al telefono. Morgan aveva ancora il telefono in vivavoce.
–**I sedili** dell'auto sono **macchiati** di qualcosa. Non so di che cosa. Accendo la torcia.

Il detective avvicinò la torcia ai sedili dell'auto e vide delle macchie scure. Era **sangue**!

–Capo, qui c'è del sangue.
–Sangue? Ce n'è molto?
–Sì, ce n'è parecchio. Non so di chi sia. Potrebbe essere sangue di Roman oppure di Harrison.

–Entra nel castello, Morgan. Devono per forza esserci delle tracce dentro il castello.

Il detective Morgan impugnò la pistola e la torcia, quindi attraversò il piccolo **ponte** del castello. Era un castello enorme. Non si vedeva per intero, perché intorno era buio, però si intuiva che era molto grande.

–Non vedo nessuno **in giro**, però devo spegnere la torcia – disse Morgan.
–Buona idea! – rispose il capo.
–Così nessuno potrà vedermi. Quel sangue in macchina significa che è sicuramente successo qualcosa di grave.

Il detective Morgan arrivò davanti alla porta del castello. Che strano! Non era chiusa, ma **spalancata**. Non si vedeva **granché**.

–Qui dentro c'è poca luce, capo. Entro lo stesso. Di sicuro le risposte che cerchiamo sono dentro il castello.
–Su, coraggio, Morgan!

Annesso al capitolo 2

Riassunto

Il detective Morgan guida attraverso una stradina nel bosco. La strada è in cattive condizioni e viene usata solo per raggiungere il castello. Morgan chiama il capo e usa il vivavoce. Il capo gli dice di lasciare il telefono sempre acceso. Arrivato al castello, Morgan nota una macchina parcheggiata e il capo gli dice che deve essere quella di Roman. Roman è un altro agente inviato per risolvere il caso insieme a Morgan. La macchina di Roman ha le portiere aperte e macchie di sangue sui sedili. Morgan, decide di entrare nel castello per scoprire cosa è successo.

Vocabolario

- guidò = (he) drove
- attraversava = (the road) went through
- era poco usata = (it) was barely used
- Veniva percorsa = (the road) used to be taken
- Il municipio = the town hall
- accese il riscaldamento = (he) switched on the heating
- Si stava facendo buio = it was getting dark
- a malapena = barely
- gli abbaglianti = the brights, the high beams
- laggiù = over there
- avrebbe scoperto = (he) would have discovered
- fondina = holster
- per ogni evenienza = just in case
- col = (con + il = col) with the
- il vivavoce = the hands-free, the speakerphone
- distrarsi = to distract (himself)
- Non fa niente = don't worry

- rise sotto i baffi = (he) sniggered
- Non agganciare = Don't hang up (the phone)
- D'un tratto = all of a sudden
- parcheggiata = parked
- mi ero dimenticato di dirtelo = I forgot to tell you
- Ho mandato = I sent
- a malapena = barely
- biondo = blond
- le portiere = the car doors
- dovrà essere = (he) must be, (he) will have to be
- ispezionarla = to check it, to inspect it
- A prima vista = at first glance
- I sedili = the seats
- macchiati = stained
- sangue = blood
- ponte = bridge
- in giro = around
- spalancata = wide open
- granché = much, that much

Domande a risposta multipla

Seleziona una sola risposta per ogni domanda

6. La strada per andare al castello era:
    a. Grande
    b. Stretta
    c. Piccola
    d. Larga

7. Il detective Morgan parla con:
    a. Roman
    b. Harrison
    c. Il capo
    d. Con tutti e tre

8. Morgan ha:
    a. Una pistola
    b. Una torcia
    c. Una pistola e una torcia
    d. Una pistola, una torcia e un telefono cellulare

9. Il secondo agente si chiama:
    a. Roman
    b. Harrison
    c. Morgan
    d. Romano

10. All'interno dell'auto del secondo agente c'è:
    a. Una pistola
    b. Del sangue
    c. Una mappa
    d. Una traccia

6. b
7. c
8. d
9. a
10. b

Morgan entrò nel castello. Il castello era al buio e solo **leggermente** illuminato dalla **luna**. La luce entrava dalle antiche e grandi finestre. Erano **decorate** con dei disegni **vecchi di decenni**.

Il detective **andò** verso la sala principale. C'erano **scale dappertutto**: scale ai lati della sala, scale che salivano, scale che scendevano. Non sapeva da che parte cominciare. Che fare in una situazione del genere?

–Capo, qui ci sono **un sacco di** scale, per salire, per scendere... Non so da dove cominciare.
–Prendi le scale che scendono.
–Quelle che scendono? Perché?
–Magari il criminale si nasconde lì.
–È possibile!

Il detective Morgan scese le scale. La scala aveva molti **gradini**. Quando arrivò alla fine parlò di nuovo col suo capo:
–Devo accendere la torcia, capo. Non vedo nulla.
–**D'accordo**, fallo. Però fa' attenzione.

Accese la torcia. Era tutto molto buio però si potevano distinguere **i mobili**. Anche i mobili erano molto antichi, come le finestre. La stanza era molto grande. Non aveva finestre perché si trovava **sotto terra,** però c'erano della porte.

Morgan puntò la torcia in vari punti della stanza. Prima verso **il tetto**, dopo in direzione delle porte e infine contro **gli scaffali**. Sugli scaffali c'erano libri di ogni tipo: antichi, nuovi, grandi, piccoli... Poi puntò la torcia a terra e lì vide qualcosa.

–Capo, ho trovato qualcosa.

–Che vedi?

–C'è qualcosa a terra. Un momento...

Il detective **si abbassò** per vedere meglio. Ne era sicuro, era sangue.

–È sangue.

–Altro sangue Morgan?

–Sì. Il criminale è vicino.

–Ci sono segni di Harrison?

–Non ho ancora visto nessuno.

Il detective guardò di nuovo il sangue a terra. **La scia** di sangue portava a una grande porta. Anche la porta era macchiata di sangue.

–C'è sangue anche su una porta, capo.

–Aprila.

Il detective Morgan pensò:

«Perché il capo vuole sempre che continui? È strano. Non sto facendo attenzione, sto andando troppo **di fretta**».

Morgan aprì la porta ed entrò in una stanza **ancora più grande di** quella precedente. C'era una persona sul pavimento. Il detective Morgan **tirò fuori** la pistola dalla fondina e puntò pistola e torcia dappertutto. Non vide nessuno.

Sul pavimento c'era anche un pistola. Si avvicinò all'arma e l'allontanò dalla persona a terra. Era un uomo **anziano**. Era ancora vivo. Morgan si abbassò e cercò di **svegliarlo**. L'uomo vide Morgan e **si spaventò**:

–AHHH!

Il detective gli mise la mano in bocca. Faceva troppo **rumore**.

–Sssh! Silenzio!

L'anziano **si zittì**: Capì che Morgan non voleva fargli del male.

–Capo, ho incontrato Harrison.

Il capo non rispose.

–Capo?

La linea era **disturbata**. Morgan chiuse la chiamata e chiese ad Harrison:

–Che cosa è successo?

–Un uomo biondo ha cercato di uccidermi! È scappato ed è **ferito**! Gli ho sparato con la mia pistola.

Morgan pensò:

«Un uomo biondo? Oh!».

–Era un uomo biondo e basso? Molto forte?

–Sì! Lui! Non so dove sia!

Adesso tutto aveva senso. Quell'uomo biondo e forte era Roman. Il sangue nel castello e il sangue nella macchina era di Roman. Sicuramente era scappato e non ha potuto guidare a causa della ferita d'arma da fuoco. Questo significava che anche il suo capo era **immischiato** in questa storia!

Morgan disse ad Harrison:

–Rimani qui. Io chiamo un'**ambulanza**.

Morgan chiamò un'ambulanza col suo cellulare in vivavoce.

–Pronto? Emergenza?

–Dica! Di cosa ha bisogno?

Morgan rispose che c'era un uomo ferito al castello.

–Ricevuto, signore. Le mandiamo un'ambulanza immediatamente.

Il detective terminò la chiamata e disse ad Harrison:

–Non muoverti da qui e prendi la pistola. **Devo fare una cosa**.

Harrison **fece di sì con la testa**.

Il detective uscì dal castello e lì incontrò il suo capo. Il capo era arrivato al castello con la sua macchina.

–Morgan! Sono venuto di persona. Che succede qui?

Il detective sapeva che il suo capo e Roman erano dei **traditori**. Probabilmente volevano del **denaro** da Harrison. Morgan ritirò fuori la pistola e la puntò contro il suo capo. Il capo gli disse:

–Che stai facendo? **Sei impazzito?**

–È lei che è impazzito. **Non provi a fare un passo** o a muovere le mani.

L'espressione del capo cambiò completamente. Sapeva che il suo piano non era riuscito.

–Lei è un traditore. Roman non ha ucciso Harrison e lei è venuto qua per farlo personalmente.

–Io... Io...

–È in arresto.

Il detective Morgan **ammanettò** il suo capo e lo fece salire in macchina. Dopo aver aspettato l'ambulanza, portò il suo capo all'ufficio dove lavorava e **spiegò** la situazione agli altri detective. Il capo finì in **carcere**.

Giorni dopo, Morgan andò a trovare Harrison all'ospedale dove gli stavano curando la ferita.

–Grazie, Morgan.

–Di niente, Harrison, ma il mio lavoro non è ancora finito.

–Perché dici questo?

–Roman è ancora **in libertà**. **Prima o poi** lo troverò.

Annesso al capitolo 3

Riassunto

Il detective Morgan entra nel castello. In una delle stanze del sotterraneo vede altro sangue. Per terra c'è un uomo: si tratta di Harrison ed è ferito. Harrison gli dice che un uomo biondo ha cercato di ucciderlo e che lui gli ha sparato è l'ha ferito. Morgan capisce che si tratta di Roman e dopo aver chiamato un'ambulanza per Harrison esce fuori a cercarlo. All'uscita del castello, Morgan incontra il suo capo e lo arresta perché è un traditore, come Roman. Il capo finisce in prigione. Harrison viene portato in ospedale per curarsi, ma Roman è ancora in libertà.

Vocabolario

- leggermente = slightly, lightly
- luna = moon
- decorate = decorated
- vecchi di decenni = decades-old
- andò = (he) went
- scale = stairs
- dappertutto = everywhere
- un sacco di = a lot of
- gradini = steps
- D'accordo = all right, agreed
- i mobili = forniture
- sotto terra = underground, basement
- il tetto = the ceiling
- gli scaffali = the shelves, the shelving units
- si abbassò = (he) bent down
- La scia = the trail
- di fretta = in a hurry

- ancora più grande di = even bigger than
- tirò fuori = (he) pulled out
- svegliarlo = to wake up (the person)
- anziano = elderly
- si spaventò = (he) got scared
- rumore = noise
- si zittì = (he) fell silent
- disturbata = interferences, bad connection
- ferito = wounded, injured
- immischiato = mingled
- ambulanza = ambulance
- Devo fare una cosa = I have something to do
- fece di sì con la testa = nodded
- traditori = traitors
- denaro = money
- Sei impazzito? = Are you crazy?
- Non provi a fare un passo = don't even think about moving
- ammanettò = (he) handcuffed
- carcere = jail
- in libertà = in the large
- Prima o poi = sooner or later

Domande a risposta multipla
Seleziona una sola risposta per ogni domanda

11. Morgan prende le scale per andare:
    a. Al piano di sopra
    b. Al piano di sotto
    c. Ai lati del castello
    d. Fuori

12. Dentro il castello Morgan incontra:
    a. Roman
    b. Harrison
    c. Il capo
    d. Un medico

13. Harrison dice che è stato aggredito da:
    a. Un uomo moro
    b. Un uomo dai capelli biondi
    c. Un uomo alto
    d. Una donna

14. Morgan capisce che:
    a. Harrison è un agente
    b. Roman è un traditore
    c. Il capo è un traditore
    d. Roman e il capo sono dei traditori

15. Il capo:
    a. Finisce in carcere
    b. Finisce all'ospedale
    c. Scappa dal Paese
    d. Va via dalla città

Soluzioni capitolo 3

    11. b
    12. b
    13. b
    14. d
    15. a

2. Il cuoco

Capitolo 1 – Arance

Questa è una grande storia. È la storia di un venditore di **arance** che diventa un grande **cuoco** italiano. Come si chiamava quel venditore? Il suo nome era Raffaele.

Raffaele viveva a Catania e aveva 45 anni. Anche se non possedeva nessun **titolo di studio superiore** aveva lavorato tutta la vita. Non aveva certificati di studio però aveva un sogno: quello di diventare uno chef. Per questo motivo Raffaele leggeva molti libri di cucina e, nel suo tempo libero, si esercitava nella preparazione di tanti piatti nuovi.

Il suo appartamento era piccolo, anche se pagava un **affitto** piuttosto alto. La cucina era l'angolo più importante della casa. Lì poteva esercitarsi e **perfezionarsi** ogni giorno. **Inviava spesso** il suo curriculum ai diversi ristoranti, chiedendo di poter lavorare come cuoco. Purtroppo non era facile trovare un posto senza possedere alcun titolo di studio superiore, né esperienza.

«**Che ingiustizia!**», ripeteva sempre.

Raffaele **si arrabbiava** molto per questo. Non accettava di non poter lavorare come cuoco. Non accettava il fatto di non poter trovare un lavoro, **nonostante sapesse cucinare**. Non possedeva nessun certificato, né titolo di studio però era molto preparato in cucina. Non poteva lasciare il suo lavoro attuale per mettersi a studiare e ottenere un titolo, perché senza un lavoro non avrebbe potuto pagare l'affitto e se non pagava l'affitto, non avrebbe potuto vivere in quella casa.

Per questo Raffaele lavorava vendendo arance sulla **spiaggia** di Catania. Ai turisti le arance piacevano molto. Le arance siciliane sono famose nel mondo e i turisti volevano assaggiarle. A Raffaele **non dispiaceva** venderle, però il suo sogno era quello di fare il cuoco.

Un giorno incontrò un turista tedesco sulla spiaggia. Raffaele stava vendendo le arance ad altri turisti e il tedesco lo salutò con il suo accento **caratteristico**:

–Buongiorno, signore! Vende arance?

–Salve! Sì, vendo arance. Le vuole?

–Certo! Sono arance di Sicilia? Me ne dia un sacchetto, per favore. Anche mia moglie vuole provarle.

Raffaele mise la mano nel suo **carrello**, prese un sacchetto e lo riempì di arance. Dopo **pesò** la borsa.

–Sono 4,50 €, signore.

–Prenda.

–Spero che le piacciano.

–Grazie mille.

Il tedesco tornò dalla moglie e aprì la borsa. Sua moglie prese **un coltello** e **pelò** una delle arance. Erano davvero buone!

Raffaele era di buon umore e si spostò verso un'altra spiaggia. Mentre camminava verso il secondo **lido** del giorno, notò molti turisti. C'erano turisti da ogni parte del mondo. Le persone ridevano, **prendevano il sole**, giocavano, mangiavano e bevevano. Raffaele amava quell'ambiente perché era un ambiente felice. La gente era in vacanza ed era di buon umore.

Lui non andava mai in vacanza. In autunno e in inverno non vendeva arance perché non c'erano così tanti turisti, però faceva altri lavori, anche se non quello di cuoco.

Raffaele arrivò alla seconda spiaggia con il suo carrello di arance e andò sulla **battigia**. Lì ricominciò a vendere le arance. Quando andò via dalla seconda spiaggia era già notte. Non c'erano molte persone ormai. Camminava per le strade di Catania quando qualcuno lo chiamò:

−Ehi, lei! Lei con il carrello di arance!

Raffaele **riconobbe** la voce. Era la voce del turista tedesco. Si voltò e lo vide con una donna.
−Salve − disse il tedesco.
−Mi dica, signore, com'erano le arance? − chiese Raffaele.
−Deliziose! Anche a mia moglie sono piaciute moltissimo!

Raffaele guardò la moglie del tedesco però lei non disse nulla. Il turista **se ne rese conto**.
−Oh! Mia moglie non parla italiano, mi dispiace! Lo parlo solo io!
−Ha imparato l'italiano venendo in vacanza da queste parti?
−No! No! Conosco l'italiano da molto tempo! **Dammi pure del tu**!
−Va bene.

Raffaele pensò che il turista tedesco parlava molto bene l'italiano. Aveva **un accento marcato**, però non faceva errori grammaticali. L'uomo sembrava una persona molto gentile e **socievole**. Finalmente il turista si presentò e disse il suo nome:

–Mi chiamo Derek, e tu?

–Raffaele.

I due **si strinsero la mano**.

–Dimmi Raffaele, il tuo lavoro è sempre quello di vendere arance?

–Solo in primavera e in estate. In autunno e in inverno non ci sono molti turisti. In quelle due stagioni faccio altri lavori. E tu?

–Io sono **un imprenditore**, ho varie attività in Germania e ho anche alcune aziende in Italia.

Raffaele era incuriosito da Derek. Era un imprenditore di successo ed era un tipo simpatico.

–Adesso sei in vacanza?

Sì, ho degli **affari** in Italia, però per il momento sono in vacanza. Non mi piace mischiare il lavoro con le vacanze.

–Fai bene! Il lavoro e le vacanze devono rimanere separati.

–E tu, Raffaele? Vai in vacanza?

–No, non posso andare in vacanza. Non guadagno molto e devo pagare l'affitto del mio appartamento.

Era settembre e l'estate stava per finire.

–Che fai dopo aver finito di vendere le arance qui? – chiese Derek.

–Vado a casa a riposarmi. È un lavoro che stanca molto.

Raffaele era curioso di sapere qualcosa di più sulle attività di Derek.

–Che tipo di aziende possiedi?

–Oh! Ristoranti! Non solo ristoranti di cucina tedesca. Ho anche ristoranti italiani, cinesi e giapponesi.

–Wow, è fantastico!

–Ti piace la cucina, Raffaele?

–La adoro! So cucinare tantissimi piatti e vorrei tanto fare il cuoco.

Derek guardo sua moglie e le parlò in tedesco. Raffaele non capì nulla però entrambi lo guardavano con una **faccia curiosa**. Derek gli disse:

–Raffaele ti faccio un'offerta.

–Un'offerta?

–Sì, l'estate sta finendo. Vorrei che lavorassi per me. Ti interessa?

–Come cuoco?

–Sì, in un ristorante italiano.

–Certo che mi interessa!

–Benissimo! Allora ci vediamo a quest'indirizzo, lunedì 12 alle 9 di mattina.

Derek gli diede **un biglietto da visita** con il nome e l'indirizzo del ristorante.

–Grazie, Derek!

Derek salutò e andò via insieme a sua moglie. Raffaele era veramente contento.

Annesso al capitolo 1

Riassunto

Raffaele lavora come venditore di arance sulle spiagge di Catania. Il suo sogno è quello di lavorare come cuoco però non possiede alcun certificato, né titolo di studio di scuola superiore. In autunno e in inverno fa altri lavoretti per mantenersi. Un giorno, un turista tedesco chiamato Derek gli propone di lavorare per lui. Derek è un imprenditore e possiede diversi ristoranti e vuole che Raffaele lavori come cuoco.

Vocabolario

- arance = oranges
- cuoco = cook
- titolo di studio superiore = upper school educational qualification
- affitto = rent
- piuttosto = rather
- Inviava spesso = (he) would often send
- Che ingiustizia! = That's unfair!
- si arrabbiava = (he) would get angry
- nonostante sapesse cucinare = despite he could cook
- spiaggia = beach
- non dispiaceva = (he) didn't mind
- caratteristico = characteristic, peculiar to
- carrello = cart, trolley
- pesò = (he) weighed
- un coltello = a knife
- pelò = (he) peeled
- lido = lido, beach
- prendevano il sole = (people) were sunbathing

- battigia = water's edge
- riconobbe = (he) recognised
- se ne rese conto = (he) realised
- Dammi (pure) del tu! = address informally (lei ---> tu)
- un accento marcato = a strong accent
- socievole = friendly
- si strinsero la mano = (they) shook hands
- un imprenditore = an entrepreneur
- affari = businesses
- una faccia curiosa = a curious expression
- un biglietto da visita = a business card

Domande a risposta multipla
Seleziona una sola risposta per ogni domanda

1. La città dove vive Raffaele è:
    a. Torino
    b. Taormina
    c. Capri
    d. Catania

2. La casa di Raffaele è:
    a. Grande
    b. Media
    c. Piccola
    d. Non ha una casa

3. Raffaele vuole diventare:
    a. Venditore di arance
    b. Cuoco
    c. Tassista
    d. Imprenditore

4. Derek è:
    a. Cuoco
    b. Imprenditore
    c. Tassista
    d. Non si sa

5. Derek viene dalla:
    a. Germania
    b. Svezia
    c. Svizzera
    d. Danimarca

Soluzioni capitolo 1

1. d
2. c
3. b
4. b
5. a

Il lunedì Raffaele si svegliò **di buon umore** per via del suo nuovo lavoro. Non sarebbe più andato a vendere arance sulla spiaggia, adesso avrebbe lavorato come cuoco! **Chissà** se si trattava davvero di un buon lavoro oppure no! Derek **sembrava** una brava persona.

Raffaele chiamò suo padre, che viveva a Firenze:
Il telefono squillò quattro volte. Finalmente il padre rispose:
–Buongiorno, figliolo. Hai chiamato presto stamattina!
–Ciao, papà. Sì, volevo raccontarti una cosa.
–Che cosa? È successo qualcosa?
–Sì, per me è davvero una cosa importante.

Raffaele sorseggiava il caffè nel frattempo.
–Allora, dimmi! **Di che si tratta?**
–Inizio a lavorare come cuoco.
–Come cuoco? Che sorpresa!
–Sì, lo è davvero!

Raffaele guardò l'ora e vide che si era fatto tardi.
–Mi spiace, papà. Devo chiudere. **Devo andare!**
–In bocca al lupo! Mi racconterai tutto dopo.

Raffaele chiuse il telefono e finì l'ultimo sorso di caffè. Prese la giacca e prima di uscire di casa guardò la cucina: c'erano delle arance nella **fruttiera**. Sorrise. Chiuse la porta dietro di sé e s'incamminò. Scese le scale del palazzo e uscì per strada. C'era tanto sole e una temperatura **piacevole**.

Si avvicinò alla fermata dei taxi e ne aspettò uno che non fosse già occupato. Non c'era nessuno alla fermata. Era molto presto. Finalmente ne vide uno arrivare e Raffaele **gli**

fece un segno con la mano. Il tassista fermò la vettura e Raffaele salì.

–Buongiorno, dove deve andare? – chiese il tassista.
–In via Lido bianco, numero 15 per favore.
–Subito!

Il tassista guidava e Raffaele guardava fuori dal finestrino. Il tassista lo guardò dallo **specchietto retrovisore** e notò che era molto felice.
–È una buona giornata, vero? – gli chiese il tassista.
–Lo è davvero!
–Una donna?
–No, no! Non è quello!
–Mi faccia indovinare...
Il tassista pensò un attimo. Per strada si incontravano persone e veicoli di tutti i tipi: **camion di rifornimento, autobus di passeggeri**, macchine di privati, altri taxi.
–Ci sono! – esclamò il tassista.
Raffaele sorrise e gli rispose:
–Sentiamo!
–Un nuovo lavoro.
–Esatto!
–E di quale lavoro si tratta?
–Come cuoco. Oggi è il mio primo giorno.

Il taxi arrivò all'indirizzo e si fermò. Prima di farsi pagare, il tassista disse:
–Sa, anch'io ero un cuoco una volta.
–Davvero?
–Proprio così. È un lavoro duro, però è anche una bellissima professione. In bocca al lupo!
–Crepi il lupo!

Raffaele diede all'uomo 7,50 € e scese dal taxi.

Derek lo stava già aspettando.

–Raffaele! Da questa parte! Sono qui!

Raffale lo vide e gli si avvicinò.
I due si strinsero la mano.

–Benvenuto al ristorante, Raffaele. Cominciamo subito.

Raffaele guardò **la facciata** del ristorante e gli piacque molto. Era color sabbia, con tocchi di rosso che la rendevano molto elegante. L'entrata era spaziosa e lussuosa. C'era un portiere che dava il benvenuto alle persone.

Raffaele e Derek arrivarono davanti alla porta. Il portiere salutò:

–Buongiorno, capo! **Chi la accompagna oggi?**
–Buongiorno. Ti presento Raffaele, lui è il nostro nuovo aiuto cuoco.
–Molto piacere!– disse il portiere.
–Piacere mio!– rispose Raffaele.

Derek fece fare a Raffaele un giro del ristorante e nel frattempo gli spiegava un po' di cose:
–**Come vedi** è un ristorante molto grande. Il ristorante serve piatti italiani. Abbiamo 50 tavoli e anche un bancone al bar per gustare dei drink. Il design del ristorante è una mia idea.
–Mi piace molto! – disse Raffaele. –È un arredamento molto elegante.
–Adesso andiamo in cucina.

In cucina c'erano altri quattro cuochi e un capo cuoco. Erano tutti a lavoro e stavano preparando le colazioni.

Derek disse:

–Ascoltate tutti!

I cuochi si fermarono. **Avevano posato i coltelli.**

–Vi presento Raffaele. Lui è il nuovo aiuto cuoco del ristorante. A partire da adesso sarà in prova con noi.

Tutti i cuochi salutarono Raffaele e gli strinsero la mano.

–Bene!– disse Derek. –Adesso bisogna occuparsi delle colazioni. **A lavoro!**

Il capo cuoco si presentò personalmente a Raffaele.

–Ciao, Raffaele. Sono Giuseppe. Sono il capo chef. Ti faccio vedere dove sono sistemate le cose della cucina. Impererai a cucinare, a servire e a occuparti di molto altro ancora. Hai già esperienza?

–Mi piace moltissimo cucinare però non l'ho mai fatto di professione.

–Non ti preoccupare. Se sai cucinare è già una cosa positiva. **Ti troverai bene qui.**

–Grazie, Giuseppe!

–Di niente.

Raffaele aiutò per tutto il giorno nella preparazione dei piatti. Il giorno dopo cucinò cose diverse. Imparò moltissimi piatti in pochi giorni e i suoi colleghi erano molto gentili con lui.

Derek era contento e l'attività aveva un numero sempre maggiore di clienti.

Raffaele arrivava a casa sempre molto stanco però era felice e di buon umore.

Annesso al capitolo 2

Riassunto

Raffaele deve iniziare a lavorare al nuovo ristorante. Per raggiungere l'indirizzo del ristorante prende un taxi. Durante il tragitto parla col tassista, il quale prova a indovinare il motivo della sua felicità. Raffaele dice che è il primo giorno di lavoro come cuoco. Anche il tassista era stato un cuoco in passato. Arrivato al ristorante Derek gli presenta gli altri colleghi. Derek offre a Raffaele la posizione come aiuto cuoco in prova. Raffaele impara moltissimo in pochi giorni ed è molto felice.

Vocabolario

- di buon umore = in a good mood
- Chissà = who knows, I wonder
- sembrava = (he) seemed
- Di che si tratta? = What is it about?
- Devo andare! = I have to go!
- In bocca al lupo! = Break a leg! Good luck!
- fruttiera = fruit bowl
- piacevole = pleasant
- gli fece un segno con la mano = (he) made a gesture with his hand (to call a taxi)
- Subito! = Right away!
- specchietto retrovisore = rear mirror
- Mi faccia indovinare = let me guess (formal)
- camion di rifornimento = (supply) lorries
- autobus di passeggeri = traveller buses
- Sentiamo! = Let's hear it!
- Crepi il lupo = (standard reply to In bocca al lupo), as Break a leg - Thanks

- la facciata = the façade
- Chi la accompagna oggi? = Who are you with today? (formal)
- Come vedi = as you can see
- Avevano posato i coltelli = (they) put down the knives
- A lavoro! = Back to work!
- Il capo cuoco = the head chef
- Ti troverai bene qui = you will like it here

Domande a risposta multipla
Seleziona una sola risposta per ogni domanda

6. Raffaele parla al telefono con:
    a. Suo padre
    b. Un tassista
    c. Derek
    d. Con nessuno

7. Per andare al suo nuovo lavoro, Raffaele prende:
    a. Un autobus
    b. Un taxi
    c. La metro
    d. L'aereo

8. Il tassista:
    a. Ama chiacchierare
    b. Non parla molto
    c. È Derek
    d. È suo padre

9. Il ristorante dove va a lavorare serve:
    a. Cucina italiana
    b. Cucina tedesca
    c. Cucina italiana e tedesca
    d. Cucina italiana e francese

10. Il capo cuoco si chiama:
    a. Davide
    b. Mario
    c. Giuseppe
    d. Alfonso

6. a
7. b
8. a
9. c
10. c

Erano trascorsi molti anni da quando Raffaele aveva iniziato a lavorare al ristorante di Derek. Erano cambiate parecchie cose **da allora**.

Adesso Raffaele viveva in una casa di sua proprietà vicino alla spiaggia di Catania. Tutte le mattine, quando si svegliava, si fermava a guardare il mare per un po'. C'erano sempre tanti turisti.

Un giorno chiamò suo padre al telefono. Il padre viveva lontano e parlavano solamente al telefono.
 –Buongiorno, figliolo. Che bello quando mi chiami!
 –Ciao, papà. Come stai?
 –Bene. **Va tutto bene**. E tu?
 –Anch'io! Il ristorante va bene **come sempre**.

Raffaele adesso era il secondo socio del ristorante. Aveva lavorato per molti anni come cuoco.

 –Di' un po'! Vuoi sempre occuparti della **gestione** del ristorante?
 –Sì, certo. È pur sempre il primo ristorante dove ho iniziato a lavorare come cuoco. Perché me lo chiedi?
 –Magari ci sono opportunità migliori per te.
 –Opportunità migliori?
 –Esistono sempre opportunità migliori, figliolo. Non bisogna **accontentarsi**.
 –Non mi sto accontentando, papà.
 –Sì, lo stai facendo. Sono mesi che lo stai facendo.

Raffaele diventò **pensieroso**. Forse suo padre aveva ragione? Chissà! Fin dall'inizio aveva sempre **lavorato sodo** al ristorante. Prima come aiuto cuoco in prova, dopo lo avevano **ingaggiato a tempo indeterminato**. Anni dopo, Derek lo incaricò della gestione del ristorante a causa dei suoi **problemi di salute**. Adesso Derek stava meglio ma **era andato in pensione**.

–Può darsi che io abbia un'offerta da farti, figliolo.

–Un'offerta? Tu?

–Sì. Io! Sono ancora in grado di pensare, sai! L'uomo era molto **anziano** però aveva sempre tante buone idee!

–Non intendevo dire che non tu non puoi avere buone idee!

Il padre scoppiò a ridere.

–**Scherzavo**, figliolo. Però adesso voglio parlare **seriamente**.

–OK.

–La cosa peggiore che potresti fare in questo momento è accontentarti. Devi lasciare quel ristorante.

–Lasciare il mio ristorante? Perché dovrei abbandonare il mio ristorante?

–Non è il tuo ristorante, figliolo.

–Lo so, però Derek mi ha **affidato** il ristorante...

Raffaele si fermò a pensare a quello che suo padre stava dicendo.

–Credo di capire quello che vuoi dire – disse a suo padre.

–Devi aprire un tuo ristorante. Ho qualcosa per te a Firenze. Puoi **prendere un volo** questo sabato?

–Credo di sì.

–Perfetto! Vengo a prenderti all'aeroporto.

Qualche giorno dopo, l'aereo di Raffaele **decollò** da Catania e **atterrò** a Firenze. Era una bella giornata e il volo fu piacevole. In quasi tutte le città della **penisola** c'era il sole. Anche a Firenze.

Quando Raffaele atterrò, trovò suo padre ad aspettarlo agli **arrivi** dell'aeroporto. Suo padre lo abbracciò forte. Non si vedevano da circa 3 mesi.

–**Sono felice di vederti!**
–Anch'io, papà! Dunque, dove si va?
–**Vieni con me**.

Raffaele seguì il padre alla ricerca di un taxi. Quando furono saliti sul taxi, Raffaele disse a suo padre:
–È una bella coincidenza questa!
–Che cosa è una bella coincidenza?– chiese il padre.
–La prima volta che sono andato a lavorare al ristorante, ci sono andato in taxi. Il tassista era molto simpatico, ha parlato per tutto il tempo. Io invece ero nervoso.
–E adesso guarda dove sei arrivato... il ristorante è praticamente tuo.
–**Spero che** Derek stia bene. Sono mesi che non so nulla di lui.

Il padre gli sorrise e disse:
–Siamo arrivati.

Raffaele scese dal taxi e subito si rese conto di tutto.
–Incredibile!

Anche suo padre scese dal taxi. Derek era lì. Il suo vecchio capo lo salutò con il suo tipico accento tedesco.
–**Che bello rivederti! Non invecchi mai!**
–Ciao, Derek! Sono molto felice di vedere che stai bene! Sì che invecchio invece! Ho diversi **capelli bianchi** o forse sarebbe meglio dire **sale e pepe**!

Tutti si misero a ridere. La sorpresa più grande però non era Derek. La sorpresa più grande era l'edificio che avevano di fronte. Un edificio ancora più elegante del ristorante di Catania. C'era un'insegna col nome sopra la porta d'ingresso, ma Raffaele non poteva leggerla bene. Non indossava **gli occhiali**. Allora prese gli occhiali dallo zaino e **li inforcò**. L'insegna diceva:

«Ristorante Raffaele».

Raffaele **era sul punto di** piangere.

Suo padre gli si avvicinò e gli disse:
–È stata un'idea di Derek. Tempo fa mi ha chiamato per telefono. Mi ha detto che voleva **ricompensarti**. Ha detto che sei sempre stato un buon lavoratore e che durante tutti questi anni **hai dato tutto te stesso**.

Raffaele si rivolse a Derek:
–Non so come ringraziarti per tutto questo, Derek.
–Non preoccuparti, cerca solo di essere felice. Ah! Questo non è tutto. Entra nel ristorante.

Raffaele entrò e vide il logo del ristorante: era un'arancia.

Annesso al capitolo 3

Riassunto

Dopo tanti anni al ristorante, Raffaele adesso è socio di Derek e si occupa della gestione. Derek si è ammalato ed è andato in pensione. Il padre di Raffaele chiede a Raffaele di andare a Firenze dove ha una sorpresa per lui. Il padre lo va a prendere all'aeroporto e insieme prendono un taxi. Arrivati all'indirizzo stabilito, Raffaele trova Derek che li sta aspettando. Derek ha voluto fargli un regalo. Ha costruito per lui un ristorante col suo nome e con un'arancia come logo.

Vocabolario

- Erano trascorsi molti anni = several years had passed
- da allora = since then
- Va tutto bene = everything is well
- come sempre = as usual
- Di' un po' = tell me somthing
- gestione = management
- accontentarsi = to get too comfortable
- pensieroso = thoughtful
- lavorato sodo = worked hard
- ingaggiato = hired
- a tempo indeterminato = indefinitely
- problemi di salute = health problems
- era andato in pensione = (he) retired
- anziano = elderly
- Scherzavo = (I) was kidding
- seriamente = seriously
- affidato = gave custody of, entrusted
- prendere un volo = to take a flight
- decollò = took off

- atterrò = landed
- penisola = peninsula (used to refer to Italy)
- arrivi = arrivals
- Sono felice di vederti! = I'm happy to see you
- Vieni con me = come with me, follow me
- Spero che = I hope that
- Che bello rivederti! = It's so nice to see you again!
- Non invecchi mai! = You don't seem to age!, You never grow old!
- i capelli bianchi = grey hair
- sale e pepe = (literally) salt and pepper, also used to refer to grey hair
- la sorpresa più grande = the biggest surprise
- gli occhiali = glasses
- li inforcò = (he) put on (the glasses)
- era sul punto di = (he) nearly, was about to
- ricompensarti = to reward you
- hai dato tuto te stesso = you have given everything, you have worked very hard

Domande a risposta multipla
Seleziona una sola risposta per ogni domanda

11. Raffaele continuava ad essere un aiuto cuoco?
    a. No, adesso gestisce il ristorante
    b. Sì, è ancora in prova
    c. No, ha cambiato lavoro
    d. No, vende di nuovo arance

12. Raffaele era:
    a. Proprietario del ristorante
    b. Di fatto il proprietario del ristorante
    c. Capo chef
    d. Cuoco

13. Al telefono, suo padre gli dice di:
    a. Chiudere il ristorante
    b. Andare a Firenze
    c. Lavorare di meno
    d. Inventare nuovi piatti

14. Derek non lavora più al ristorante di Catania perché:
    a. Non ha soldi
    b. È molto malato
    c. È in pensione
    d. Non si sa

15. A Firenze:
    a. Suo padre ha un nuovo ristorante
    b. Derek ha aperto un ristorante col nome di Raffaele.
    c. Raffaele ha aperto un ristorante con il nome di Derek
    d. Derek vuole che lavori come cuoco a Firenze

Soluzioni capitolo 3

11. a
12. b
13. b
14. c
15. b

3. Robot

<u>Capitolo 1 – L'attivazione</u>

È il XXI secolo. Dopo anni di scoperte tecnologiche, **gli esseri umani** adesso utilizzano tante **invenzioni** e i più moderni **strumenti** tecnologici. Questa è la storia di un robot creato nel XXI secolo.

Degli **scienziati** in un laboratorio europeo stanno lavorando all'invenzione di un robot. Il progetto, iniziato 10 anni fa, adesso è quasi finito. La principale scienziata dal progetto si chiama Clara. Clara ha studiato ingegneria robotica in un'università inglese e a soli 30 anni è diventata la direttrice del progetto.

Il progetto è conosciuto in tutto il mondo con il semplice nome di "Robot".

Il giorno dell'attivazione del robot Clara entrò in laboratorio.

–Buongiorno a tutti!– salutò.
–Buongiorno, Clara. Come stai oggi?
–Bene, **mi fa solo un po' male la testa**. Ho lavorato tutta la notte.

Era l'ultimo giorno di **ricerca** prima dell'attivazione del robot. Dieci anni di lavoro... e tutto per quel momento. Il robot aveva forma umana, era in metallo bianco ed era magro come una persona.

–Bene... Come va il robot? – chiese Clara.

–Il robot va molto bene, Clara – rispose lo scienziato Anderson.

–Non c'è nessun problema, Anderson? Sei sicuro?

–Sembra non ci sia alcun problema. **Sembra tutto a posto**.

–Stupendo!

Clara voleva che andasse tutto per il meglio. Aveva lavorato per 10 anni a quel progetto e i suoi superiori si aspettavano che il robot fosse perfetto. Un robot **dalle sembianze umane**. Il robot era un simulatore di persona, avrebbe parlato con una voce sintetica e avrebbe avuto la capacità di apprendere cose nuove.

Clara disse:

–Vado un momento al bar. Attiveremo il robot tra 4 ore.

–Va bene – rispose Anderson – noi continuiamo a lavorare.

Quando Clara arrivò al bar, ordinò un caffè e un panino. Altri dipendenti erano seduti ai tavoli e stavano parlando del robot. Dicevano cose come:

–Oggi è il giorno dell'attivazione.

–Sì, non vedo l'ora di vedere il robot. Sarà un successo!

–E che succede se qualcosa va storto?

Clara ascoltava le conversazioni dei dipendenti mentre mangiava il panino. Lei lo sapeva che cosa sarebbe successo se qualcosa non avesse funzionato: non avrebbero ottenuto altro denaro per progetti futuri. Questo progetto era fondamentale. Le ricerche per la realizzazione del robot duravano da molti anni.

Anche Anderson arrivò al bar e anche lui ordinò un panino e un caffè. Il cameriere del bar gli disse:

–I panini sono finiti. Però abbiamo delle brioche alla crema buonissime.

–Va bene,– disse Anderson. –Allora prendo una brioche alla crema e un caffè macchiato.

–Arrivano subito! – disse il cameriere.

Clara salutò Anderson da lontano con la mano. Anderson si avvicinò al tavolo di Clara e disse:

–**Ti stai mettendo in forze** per l'attivazione del robot?

–Sì, devo mangiare qualcosa e ho bisogno di caffè. Stanotte non ho dormito.

–Neanch'io.

–Per via del robot?

–Sì – disse Anderson mentre mangiava un pezzo di brioche.

Parlarono per circa mezz'ora prima di liberare il tavolo e tornare al laboratorio. Lì gli altri scienziati stavano facendo le ultime prove di controllo del robot. Clara continuava ad avere sonno, quindi prima di lasciare il bar aveva ordinato un altro caffè. Adesso lo **sorseggiava** mentre gli altri controllavano il robot. Lei era la direttrice, però non si occupava direttamente dei controlli.

Clara aveva comprato dei caffè anche per gli altri scienziati. Camminava avanti e indietro per il laboratorio distribuendo i caffè, mentre gli scienziati controllavano gli schermi. Gli schermi mostravano molteplici dati, come lo stato di temperatura del metallo, le funzioni di intelligenza artificiale e altri dati complessi...

73

Clara vide che anche Anderson **era intento a** effettuare dei controlli e si rivolse a lui:

–Come va il robot? Tutto bene?

–Va tutto bene. Mancano solo due ore per l'attivazione.

–Eccellente!

Uno degli scienziati entrò nel laboratorio. L'uomo si fermò a guardare il robot. Il robot si trovava dietro dei pannelli di vetro. Il vetro era trasparente e per questo era possibile vederlo perfettamente, con i suoi occhi metallici chiusi.

Clara notò lo scienziato e gli chiese:

–Che succede?

–**La stampa** è già qui. Vogliono vedere il robot.

–Mancano ancora due ore prima dell'attivazione!

–Vogliono avere una piccola introduzione prima dell'attivazione.

Clara **sbuffò** e disse allo scienziato:

–Va bene, d'accordo. Uscirò per parlare con loro.

Anderson tornò a eseguire altri controlli. Quando Clara uscì dal laboratorio si trovò davanti **un mucchio di giornalisti** che le puntavano i microfoni al volto.

–Da questa parte... – disse loro.

Clara **condusse** i giornalisti in una grande sala dalle ampie finestre. Fuori dall'edificio c'erano altri giornalisti. Si trattava di un evento mondiale, però non tutti i giornalisti erano potuti entrare perché non c'era posto per tutti.

Clara andò a sedersi al tavolo centrale e iniziò la sua dichiarazione:

–Benvenuti a tutti. Il futuro è adesso. Tra due ore attiveremo il robot. Abbiamo lavorato per 10 anni, ma sicuramente questo duro lavoro **sarà ripagato** dai benefici di cui tutti noi **potremo godere**. Il robot è pronto e i dati sono positivi. Si tratta del primo robot in grado di simulare completamente un essere umano.

All'improvviso il cellulare di Clara squillò e le comparve un messaggio:

«C'è stato un problema. Devi venire immediatamente».

Annesso al capitolo 1
Riassunto

Siamo nel XXI secolo e un robot dalle sembianze umane sta per essere attivato. Gli scienziati hanno lavorato al progetto per 10 anni. Clara è la direttrice del progetto. Anderson e gli altri scienziati lavorano agli ultimi dettagli prima dell'attivazione. Si tratta di un progetto importante e Anderson e Clara sono molto nervosi. La stampa arriva al laboratorio e Clara li accompagna nella sala conferenze per parlare con loro. Poco dopo Clara riceve un messaggio di Anderson che le dice di correre immediatamente in laboratorio perché c'è stato un problema.

Vocabolario

- gli esseri umani = the human beings
- le invenzioni = the inventions
- gli strumenti = the tools
- scienziati = scientists
- mi fa (solo un po') male la testa = I have (a little) headache
- ricerca = study, research
- Sembra tutto a posto = everything seems OK
- Stupendo! = Great!
- dalle sembianze umane = human physical appearance
- E che succede se qualcosa va storto? = And what happens if something goes wrong?
- Ti stai mettendo in forze? = Are you gathering strength?
- sorseggiava = (she) was sipping
- era intento a = (he) was focused on
- La stampa = the press
- sbuffò = (she) snorted, panted

- un mucchio di = a lot of, a heap (colloquial)
- giornalisti = journalists
- condusse = (she) brought, lead
- sarà ripagato da = (it) will be repaid by
- potremo godere = (we) are going to be able to benefit/(we) will be able to enjoy
- All'improvviso = all of a sudden, suddenly

Domande a risposta multipla
Seleziona una sola risposta per ogni domanda

1. La storia si svolge nel:
    a. Diciannovesimo secolo
    b. Ventesimo secolo
    c. Ventunesimo secolo
    d. Ventiduesimo secolo

2. Clara è:
    a. Una scienziata della compagnia
    b. La direttrice del progetto
    c. La direttrice della compagnia
    d. Una giornalista

3. Anderson è:
    a. Uno scienziato della compagnia
    b. Il direttore del progetto
    c. Il direttore della compagnia
    d. Un amico

4. Per realizzare il robot hanno lavorato per:
    a. Un anno
    b. 10 mesi
    c. 5 anni
    d. Dieci anni

5. Il messaggio che Clara riceve sul cellulare dice che:
    a. C'è stato un problema
    b. Il robot è stato attivato
    c. Il robot è stato distrutto
    d. Il robot è sparito

Soluzioni capitolo 1

1. c
2. b
3. a
4. d
5. a

Clara **lesse** il messaggio ancora una volta. Il messaggio era **chiaro**. Era successo qualcosa. Che cosa? Qualche problema con i dati? Qualche problema con Anderson? Qualche problema col robot?

Clara guardò i giornalisti e **non sapeva cosa dire**. Uno dei giornalisti le chiese:
–È successo qualcosa? C'è qualcosa che non va?

Clara lo guardò e rispose:
–**Il fatto è che**... devo andare! Mi dispiace, scusate. **Aspettate qui**, tornerò il prima possibile.

Clara uscì dalla sala e corse lungo **il corridoio**. Si sentivano urla e c'era confusione dappertutto. Incontrò uno scienziato che stava urlando e **lo rimproverò**:

–Silenzio! **Basta!** – disse Clara.

Clara era la direttrice, era una persona molto gentile e tranquilla, però era anche piuttosto autoritaria. Lo scienziato che urlava si zittì immediatamente.

–Che succede? – chiese Clara.
–Il robot... Il robot...
–Non funziona?
–Sì, sì... funziona... è solo che...

Gli scienziati erano confusi e **spaventati** e Clara capì che era successo qualcosa di grave, così andò subito verso il laboratorio. Anderson era nel laboratorio però il robot non c'era.

–Anderson! Dov'è il robot?

−Clara, **meno male che sei qui!** Abbiamo portato il robot in un'altra sala per l'attivazione e...

−E?

−Si è attivato da solo!

−Non lo avete attivato voi?

−No! Te lo posso assicurare!

−Questo è veramente strano, Anderson.

−Lo so e non sappiamo come sia potuto succedere. Aveva l'energia sufficiente per l'attivazione ma **noi non ne abbiamo dato l'ordine**.

−Voglio vederlo.

−Può essere pericoloso.

−Non è pericoloso. Io lo so. Sono 10 anni che mi occupo di lui.

−Come vuoi.

Clara e Anderson uscirono dal laboratorio ed entrarono nella sala accanto. Lì tutti gli scienziati erano in silenzio.

−Perché nessuno parla? – chiese Clara.

−Perché... stanno aspettando che il robot dica qualcosa! – rispose Anderson.

Il robot era in mezzo alla sala, **immobile**. Era attivo. I suoi occhi si muovevano **leggermente** e anche le sue estremità.

Gli scienziati lasciarono passare Clara e lei si avvicinò al robot. Il robot era dietro dei pannelli protettivi in vetro.

Clara ordinò ad Anderson:

−Fatelo uscire.

−Sicura? Però...

−Ho detto di farlo uscire!

Anderson sapeva che Clara poteva essere abbastanza autoritaria nonostante fosse una persona tranquilla e gentile. Lui ordinò a un altro scienziato di eseguire l'ordine e questo aprì i pannelli. Il robot uscì e guardò Clara. Rimasero così per qualche secondo.

Clara chiese agli scienziati:
–Ha detto qualcosa?

–No!
–No, non ha detto nulla! – le risposero.

Clara provò a comunicare con il robot e iniziò con un semplice:
–Ciao!

Il robot guardò Clara e **batté leggermente le palpebre**.
–Ciao. –rispose con la sua voce sintetica.

Clara **si emozionò**. Era la prima volta che il robot parlava. La prima volta in 10 anni in cui poteva finalmente comunicare con la sua creazione.

–Cominciate a **prendere appunti**.

Gli scienziati iniziarono a registrare tutta la conversazione tra Clara e il robot. Il robot continuava a guardare Clara.
–Il tuo nome è Clara? – chiese il robot.
–Sì, questo è il mio nome. Come fai a conoscere il mio nome?
–Posseggo una base di dati enorme. Tu sei la mia creatrice.

«Domanda stupida», pensò Clara.

Anderson si avvicinò a Clara e le disse:

–Parla con lui. Digli qualcos'altro che non sa. Ha una base di dati enorme però ricorda che può anche apprendere nuove informazioni.

Clara disse ad Anderson:

–Ho un'idea migliore.

Lei si rivolse al robot:

–Vieni con me, robot!

Il robot possedeva **libero arbitrio** però **obbedì** alla sua creatrice, alla sua proprietaria.

Anderson chiese a Clara:

–Che fai?

–Vado in sala conferenza. Mi stanno aspettando.

–Adesso? Ma non è ancora pronto!

–La situazione è perfetta! – rispose Clara.

–Come vuoi tu.

Clara uscì dalla sala con il robot e insieme camminarono senza dire nulla. Infine Clara disse al robot:

–Aspetta qui **fino a quando non ti chiamo**.

Il robot non disse nulla però si fermò prima della porta della sala dove si trovava la stampa. Clara entrò nella sala e ritornò alla scrivania centrale per parlare con i giornalisti.

Lo stesso giornalista che prima le aveva fatto le domande tornò a parlare. Le chiese:

–Che cosa è successo esattamente?

Clara non rispose immediatamente. **Fece un colpo di tosse** e finalmente parlò:

–**Signore e signori**, ho l'onore di presentarvi la nostra nuova creazione. Robot! Vieni avanti!

Il robot entrò lentamente nella sala piena di giornalisti. Si fermò per qualche secondo e guardò i giornalisti. Poi si avvicinò alla scrivania dove si trovava Clara. Lì si fermò al suo fianco e continuò a guardare i giornalisti.

Questi non sapevano che dire. Parlarono **all'unisono**:
–Questo è il robot? È proprio lui?
–Ma l'attivazione non doveva avvenire tra due ore?
–Sa parlare? Che sa fare?
–Perché questa sorpresa?

Clara non sapeva che dire. Il robot era al suo fianco. I giornalisti parlavano e urlavano. Volevano delle risposte. Questa situazione non l'aveva prevista.

–Robot, parla!– disse Clara infine.

Tutti i giornalisti si zittirono. Il robot cominciò a parlare.
–Sono il robot modello T1010G con intelligenza artificiale, libero arbitrio e attivato per la prima volta oggi, data...

Il robot continuò a parlare e a riferire dettagli tecnici. Clara gli disse:
–Robot, **di' come ti senti**!
–Mi sento bene.

I giornalisti appuntavano tutto sui loro tablet e computer portatili.

All'improvviso le guardie di sicurezza dell'azienda entrarono nella sala stampa.

–Signora direttrice, deve venire con noi. Il robot deve tornare al laboratorio.

Annesso al capitolo 2

Riassunto

Clara sta parlando coi giornalisti quando viene avvisata di tornare al laboratorio per risolvere un problema. Mentre va verso il laboratorio incontra alcuni scienziati che urlano e che appaiono spaventati. Lei si mostra autoritaria e ordina loro di calmarsi. Il robot è stato spostato in un'altra sala e Anderson la informa che si è attivato da solo e prima del tempo. Clara conduce il robot in sala stampa e lo presenta ai giornalisti. All'improvviso delle guardie di sicurezza entrano in sala stampa e dicono a Clara di seguirli. Inoltre le dicono che il robot deve tornare al laboratorio.

Vocabolario

- lesse = (she) read
- chiaro = clear
- non sapeva cosa dire = (she) didn't know what to say
- Il fatto è che... = the thing is that...
- Aspettate qui = Wait here
- il corridoio = the corridor
- lo rimproverò = (she) reprimanded him, (she) scolded him
- Basta! = enough!
- spaventati = (they were) frightened, scared
- meno male che sei qui! = Thank goodness you are here!
- noi non ne abbiamo dato l'ordine = we didn't give the order
- Come vuoi = as you like
- immobile = still, motionless

- batté (leggermente) le palpebre = (it) blinked (slightly) its eyelids
- si emozionò = (she) was moved, touched
- prendere appunti = to take notes
- libero arbitrio = free will
- obbedì = (it) obeyed
- Che fai? = what are you doing?
- Come vuoi tu= as you want, as you like
- fino a quando non ti chiamo = until I call you
- fece un colpo di tosse = (she) coughed
- Signore e signori = ladies and gentlemen
- all'unisono = in unison
- di' come ti senti = say how you feel

Domande a risposta multipla

Seleziona una sola risposta per ogni domanda

6. Clara era:
    a. Sempre autoritaria
    b. Tranquilla ma autoritaria quando serviva
    c. Sempre tranquilla
    d. Autoritaria e nervosa

7. Il problema era che:
    a. Avevano rubato il robot
    b. Il robot era sparito
    c. Il robot non funzionava
    d. Il robot si era attivato

8. Il robot si trovava:
    a. In laboratorio
    b. Alla mensa
    c. In un'altra sala
    d. Non si sa

9. Il robot voleva:
    a. Uscire dal laboratorio
    b. Uscire dalla sala
    c. Vedere il mondo
    d. Non si sa

10. Clara conduce il robot:
    a. In laboratorio
    b. Nella sala con i giornalisti
    c. Fuori dall'edificio
    d. A casa sua

Soluzioni capitolo 2

6. b
7. d
8. c
9. d
10. b

Una settimana dopo, Clara indossava un abito formale. Quel giorno, era molto elegante e si trovava in **una sala d'aspetto**. C'era solo lei in attesa. Era tranquilla però non era di buon umore. Nella sala d'aspetto c'erano delle **riviste** ma anche una televisione.

Clara si alzò dal divano e prese una rivista. Lesse alcune pagine, però non trovò nessun articolo interessante. Posò la rivista sul tavolino e ne prese un'altra. Questa volta era una rivista più recente, però anche questa di poco interesse.

C'era anche un quotidiano sul tavolino. Era di qualche giorno prima. Sul giornale c'erano delle foto di lei e del robot quando erano nella sala stampa. Il **titolo** del giornale diceva:

«Robot attivato prima del tempo! Clara attiva il robot senza permesso».

Clara lesse l'articolo dall'inizio. L'articolo diceva cose come:
«Clara deve comparire in giudizio per un reato».
«La direttrice del centro di intelligenza artificiale ha attivato il robot lo scorso giovedì e lo ha fatto uscire dal laboratorio senza prendere le dovute misure di sicurezza».

Clara era **disgustata** e smise di leggere. Posò il giornale dove lo aveva preso. In quel momento il suo **avvocato** comparve sulla porta. Era un uomo alto e robusto:
–Clara, **è ora!** Puoi entrare.

Il suo avvocato la chiamava per presentarsi in tribunale. Non era una seduta ufficiale, piuttosto si trattava di **una discussione informale**. Clara e il suo avvocato entrarono nella grande sala e lei notò alcuni colleghi che erano venuti per lei.

–**Si sieda** Clara, per favore – le disse uno dei giudici.

Lei e il suo avvocato si misero a sedere e il giudice che aveva parlato disse:
–Analizziamo i fatti **dall'inizio**. Le farò delle domande, direttrice.
–Bene – rispose lei tranquillamente.

Il giudice tirò fuori alcuni documenti e iniziò a leggerli. Portava un paio di occhiali per leggere da vicino. Iniziò a leggere le varie informazioni e chiese a Clara:
–Qui dice che lei, la direttrice del centro, ha attivato il robot prima del tempo e senza permesso. È vero?
–No! Questo non è vero! Il robot si è attivato da solo. Io non ho dato nessun ordine.
–Ho delle **fonti** che dicono il contrario – rispose il giudice.
–Sono fonti false.

Il giudice alzò lo sguardo dalle carte e la guardò. Aveva un'aria autoritaria quel giorno, anche se tranquilla. Il giudice continuò a parlare:

–Dunque, lei dice di non essere responsabile dell'attivazione del robot. Capisco. È lei che ha spostato il robot dal laboratorio nella seconda sala? Sapeva che questa procedura è **proibita categoricamente**?
–Non ho fatto neanche questo.

Clara guardò Anderson, seduto in mezzo agli altri scienziati presenti. Anderson guardò Clara e le sorrise. Anche lei sorrise, poi continuò:

–Io ero nella sala conferenza quando mi è arrivato un messaggio sul cellulare. Il messaggio diceva che c'era stato un problema e che dovevo tornare al laboratorio. Sono corsa fin là e il robot non c'era. Gli altri scienziati mi hanno informata che era stato spostato in un'altra sala.

–E così è andata nell'altra sala.

–Esatto.

–Bene.

Clara pensò che il giudice non era molto esigente e, comunque, non si trattava di un giudizio ufficiale. I giudici volevano solo delle informazioni per **ricostruire i fatti**.

–Terza domanda, direttrice.

–Prego.

–Ha portato lei il robot nella sala stampa dove si trovavano i giornalisti?

Clara pensò che non avrebbe avuto senso mentire e disse:

–Sì, l'ho fatto.

–Senza tenere conto delle precauzioni di sicurezza.

–Esatto. Il robot era **inoffensivo** e non richiedeva altre misure di sicurezza.

–Come faceva a sapere che era inoffensivo?

Clara guardò Anderson e lui le mostrò **un quadro di comando**. Era del robot.

La porta della sala del tribunale si aprì e comparve il robot. Tutti **restarono a bocca aperta**.

Il robot arrivò al tavolo dove si trovava Clara e si fermò al suo lato.

–Chiedo **permesso per parlare** – disse il robot.

Il giudice guardò gli altri per qualche secondo. Finalmente disse:
–Permesso accordato.

Il robot iniziò a parlare con la sua voce artificiale:
–Voi mi chiamate robot, però io ho dei **sentimenti**. La direttrice Clara è la mia creatrice. **Non voglio che passi un guaio**.
Il giudice rispose:
–Non le capiterà nessun guaio. Sono solo domande.
–Alcune domande hanno l'obiettivo di **incriminare** Clara.

Il giudice non disse altro. Non sapeva come parlare a un robot. Clara aveva capito che era stato Anderson a portare il robot in tribunale. Aveva aperto il laboratorio senza il permesso degli altri scienziati e aveva fatto uscire il robot.

«Ben fatto, Anderson», pensò lei.

Finalmente il giudice disse:
–Tu che cosa vuoi robot?

Il robot guardò prima Clara e poi il giudice:
–Voglio solo vivere con Clara. Voglio andare a casa.

Annesso al capitolo 3

Riassunto

Clara è nella sala d'attesa di un tribunale. Mentre aspetta sfoglia alcune riviste e legge un giornale in cui parlano di lei e del robot. L'articolo dice che è accusata di avere attivato il robot senza permesso e di averlo spostato senza le necessarie misure di sicurezza. Il suo avvocato la chiama perché è ora di comparire davanti ai giudici. Non si tratta di una seduta ufficiale però i giudici devono farle alcune domande. Anderson fa uscire il robot senza permesso e lo porta lo fa entrare in tribunale per parlare con i giudici. Il robot dice che vuole andare a vivere con Clara.

Vocabolario

- una sala d'aspetto = a waiting room
- riviste = magazines
- il titolo = headline
- disgustata = disgusted
- avvocato = lawyer
- è ora! = it's time!
- una discussione informale = an informal chat
- Si sieda! = sit down (formal)
- Dall'inizio = from the beginning
- fonti = source
- proibita categoricamente = strictly forbidden
- ricostruire i fatti = (figurative) reconstruct the events
- inoffensivo = inoffensive
- un quadro di comando = a control box
- restarono a bocca aperta = were gobsmacked
- permesso per parlare = permission to speak
- sentimenti = feelings

94

- Non voglio che passi un guaio = I don't want her to get into trouble
- incriminare = incriminate
- Voglio andare a casa = I want to go home

Domande a risposta multipla
Seleziona una sola risposta per ogni domanda

11. Clara leggeva:
    a. Riviste
    b. Quotidiani
    c. Riviste e quotidiani
    d. Libri

12. Clara entra nella sala del tribunale con:
    a. Anderson
    b. Il suo avvocato
    c. Il robot
    d. Da sola

13. Anderson le mostra:
    a. Un quadro di comando
    b. Una chiave
    c. Un cellulare
    d. Un libro

14. Che cosa aveva fatto Anderson?
    a. Aveva aspettato fuori dal tribunale
    b. Aveva portato il robot in tribunale
    c. Aveva modificato il robot
    d. Aveva accusato Clara

15. Il robot dice che:
    a. Vuole vivere in laboratorio
    b. Vuole vivere in un appartamento da solo
    c. Vuole vivere in un altro Paese
    d. Vuole vivere a casa di Clara

Soluzioni capitolo 3

11. c
12. b
13. a
14. b
15. d

4. Storia di guerra

Il **tenente** Roggero era un medico dell'**esercito**. Era un uomo sui trent'anni **addestrato** per il combattimento. Aveva studiato medicina e amava molto il lavoro di medico. Quando **scoppiò la guerra** Roggero **si arruolò** nell'esercito per aiutare il suo Paese curando i soldati feriti nei **campi di battaglia**. Le medicine che aveva a disposizione erano davvero efficaci e il suo intervento era essenziale **per alleviare**, in poco tempo, **le ferite** dei **soldati**.

Roggero curava le ferite dei soldati più o meno sempre nello stesso modo. Controllava le ferite e **somministrava** le medicine che aveva a disposizione. I soldati si sentivano meglio in poco tempo, **anche se soffrivano atroci dolori** ed erano sempre **tesi** prima di ricevere la cura. Per far rilassare i soldati rilassati e metterli **a proprio agio**, Roggero parlava con loro. Spesso raccontava ai suoi compagni soldati la sua vita oppure chiedeva loro di raccontargli qualche storia.

Un mercoledì, un soldato venne ferito sul campo di battaglia. Il soldato **sanguinava** da un braccio. Necessitava urgentemente di un medico e per questo Roggero lo raggiunse **di corsa**. Si udivano **spari** ed esplosioni.

Il soldato gridava. Gli faceva male il braccio.
Il medico Roggero gli disse:
–Sono qui. Sono qui. Ti hanno colpito al braccio?

–Mi fa male! Mi fa male!

–Va bene. Fammelo vedere.

Il soldato gli mostrò il braccio. Era pieno di sangue però non si trattava di una ferita mortale.

–OK, soldato. Non è una ferita grave. Ti somministro una medicina potentissima. Tra tre minuti starai meglio.

–Cos'è? Una nuova medicina?

–Sì, però è **sgradevole** quando la prendi. È **una pasticca** molto forte.

Il medico Roggero lasciò cadere lo zaino al suolo. Il terreno non era asciutto, era **fangoso**. Aveva piovuto parecchio durante tutta la settimana e la terra era ancora umida. Roggero chiese al soldato:

–Come ti chiami?

–Mi chiamo Giovanni.

–OK, Giovanni. Fammi vedere l'altro braccio.

Giovanni lo alzò e glielo mostrò. Quel braccio non era stato ferito.

–Va bene, Giovanni. Adesso ti somministro la medicina.

Il medico Roggero gli diede la pasticca e il soldato avvertì subito una strana sensazione. Il medico sapeva che i soldati provavano una forte nausea quando prendevano la medicina. Per questo domandava ai soldati della loro vita oppure era lui a raccontare storie. In questo modo i soldati si distraevano e non sentivano gli effetti sgradevoli della medicina, incluso la nausea.

–Dimmi, Giovanni. Raccontami qualcosa di te.

–Beh, io sono orfano. Non ho mai conosciuto i miei **genitori.** Quando ho compiuto 18 anni ho iniziato a lavorare come **addetto alla sicurezza**.

–Dove lavoravi come addetto alla sicurezza?

–Nella mia città c'era un grande centro commerciale. Era il centro più grande della regione. Lavoravo lì. C'era di tutto: ristoranti, cinema, vendevano **abbigliamento**, auto...

–Dimmi qualcos'altro.

–Cosa vuoi che ti racconti?

–Quello che vuoi.

Era passato un minuto. La medicina stava facendo effetto. La medicina non eliminava completamente il dolore, però in parte sì.

–Che altro... Una volta è successo che mentre lavoravo come addetto alla sicurezza...

–Che è successo?

–Ero di guardia al parcheggio e ho sentito delle grida.

–Grida di chi?

–Grida di una donna. Non avrei dovuto lasciare la mia postazione ma non potevo rimanere senza fare nulla. Andai a vedere quello che stava succedendo.

–E che cosa stava succedendo?

–Due uomini stavano **derubando** una donna. La donna aveva la mia età.

Roggero sapeva già come sarebbe andata a finire la storia. Aveva sentito tante storie di soldati. Il soldato Giovanni continuò a raccontare:

–Andai incontro ai due uomini e **gliene dissi quattro**.

–Che gli hai detto di preciso?

–Beh, di **lasciare in pace** la donna, **più o meno**.

–Però **non ti hanno dato retta**. Ti hanno ignorato.

100

–Sì, quindi **li ho picchiati** e ho vinto **la rissa**.

Roggero guardò il suo orologio. La medicina stava già facendo effetto. Comunque sembrava che il soldato Giovanni avesse ancora un po' di nausea.

–E come è finita con quella donna?– chiese Roggero.

–Finita la rissa ho chiamato la polizia. I poliziotti arrivarono e le diedero una coperta. Le fecero alcune domande e la portarono al **commissariato**.
–E dopo?
–La cosa strana è quella che è successa dopo.

Giovanni non disse altro. Aveva avvertito un senso di nausea per qualche secondo ma subito si ricordò della storia e tornò a raccontare.
–Io avevo salutato la donna. Però poco dopo sentì qualcosa nella tasca della mia giacca. Era un foglietto.
–Un numero di telefono?
–Come lo sai?
Il medico e tenente Roggero sorrise al soldato Giovanni.
–Conosco la tua ragazza.

Il soldato Giovanni fu molto sorpreso.
–Com'è possibile?
–Lavora nell'esercito?
–Sì! La conosci?
–Sì, la conosco.

La ferita al braccio del soldato non sanguinava quasi più. Giovanni fece un respiro profondo e continuò a parlare:

–Hai parlato con lei?

–Sì, due settimane fa. Prima di venire al campo di battaglia.

–Ti ha raccontato la storia?

–Sì, ho parlato con lei e mi ha raccontato che c'era un soldato che amava molto e che si chiamava Giovanni. Non mi ha detto il tuo cognome però so che sei tu. La storia è la stessa.

Giovanni fu molto felice. Aveva notizie della sua ragazza.

Roggero gli disse:

–Vi sposerete?

–Sì, non le ho ancora fatto la **proposta di matrimonio** però certo che voglio sposarla.

–Il tuo braccio non sanguina più, però è una **ferita importante**. Devo portarti in ospedale.

–Va bene.

Roggero aiutò Giovanni a muoversi. Entrambi lasciarono il campo di battaglia ed entrarono nell'**accampamento** dell'esercito. Lì Roggero chiamò **un'infermiera**. L'infermiera arrivò correndo e Roggero le spiegò tutto. L'infermiera disse a Giovanni:

–La porto all'ospedale di Via 5. Ha bisogno di riposare.

Giovanni salutò Roggero e il tenente tornò al campo di battaglia. C'erano altri feriti da curare.

Annesso al capitolo 1

Riassunto

Roggero è un medico dell'esercito. Ha con sé medicine molto efficaci per curare i soldati. Sul campo di battaglia conosce un soldato di nome Giovanni. Giovanni è ferito a un braccio e sta sanguinando. Roggero lo cura e per distrarlo dalla nausea della medicina lo fa parlare. Giovanni racconta la storia di quando ha aiutato una donna che stava per essere rapinata. Quella donna adesso è la sua ragazza. Roggero gli dice che ha conosciuto la ragazza e che lei gli aveva raccontato la stessa storia. Il tenente porta il soldato fuori dal campo di battaglia e lo affida alle cure di un'infermiera che lo conduce in ospedale.

Vocabolario

- tenente = lieutenant
- esercito = army
- addestrato = trained
- scoppiò la guerra = broke out the war
- si arruolò = (he) enlisted (army)
- campi di battaglia = battlefields
- per alleviare = to soothe
- le ferite = the injuries
- soldati= soldiers
- somministrava = administered, gave
- anche se soffrivano atroci dolori = although they suffered excruciating pain
- tesi = tense, nervous
- a proprio agio = comfortable, at ease
- sanguinava = (he) was bleeding
- di corsa = rushing, in a hurry
- spari = shots

- sgradevole = unpleasant, revolting, nauseating
- una pasticca = a tablet, a pill
- fangoso = muddy
- genitori = parents
- addetto alla sicurezza = security guard
- abbigliamento = clothing
- derubando = robbing
- gliene dissi quattro = (slang) I had words with them
- lasciare in pace = to leave alone
- più o meno = more or less
- non ti hanno dato retta = they didn't give heed to you
- li ho picchiati = I hit them
- la rissa = the fight, the brawl
- commissariato = police station
- proposta di matrimonio = wedding proposal
- ferita importante = serious injury
- accampamento = encampement, camp
- un'infermiera = a nurse

Domande a risposta multipla
Seleziona una sola risposta per ogni domanda

1. La storia che racconta il soldato si svolge:
   a. In un ospedale
   b. In un parcheggio
   c. In un campo di battaglia
   d. In un centro commerciale

2. Cosa faceva Roggero con i soldati feriti?
   a. Li curava e parlava con loro
   b. Li curava, ma non parlava con loro
   c. Chiamava gli infermieri per parlare con loro
   d. Li portava subito in ospedale

3. Giovanni era ferito:
   a. Al piede
   b. Al braccio
   c. Allo stomaco
   d. Alla testa

4. Giovanni ha conosciuto la sua fidanzata:
   a. In ospedale
   b. In un parcheggio
   c. In un campo di battaglia.
   d. In un centro commerciale

5. Come fa Roggero a conoscere la fidanzata del soldato?
   a. È sua sorella
   b. È un'infermiera
   c. Le ha parlato prima di andare al campo di battaglia
   d. Nessuna risposta è corretta

Soluzioni capitolo 1

1. c
2. a
3. b
4. b
5. c

Giovanni era **sdraiato** in un letto di ospedale. Era tranquillo e **stava guarendo**. Mangiava con **appetito** e le infermiere erano molto gentili. Il letto di Giovanni era comodo e nella sua stanza c'era una grande finestra. Dal letto si vedeva l'ingresso dell'ospedale e **un prato** verde e molti alberi.

A Giovanni faceva ancora male il braccio. C'era bisogno di tempo per guarire completamente. Si trovava lì da due giorni e non aveva ancora ricevuto visite.

Un giorno Giovanni si alzò dal letto. Era proibito alzarsi dal letto. Le infermiere non volevano che i feriti si alzassero. I feriti di guerra erano spesso dei feriti gravi e potevano **peggiorare** le loro condizioni. Dovevano rimanere a letto fino alla guarigione. Guardò fuori dalla finestra per un po'. Era un po' **debole** e così **si appoggiò** al vetro.

Proprio in quel momento una delle infermiere entrò in camera e vide che Giovanni era **in piedi** guardando fuori dalla finestra.

–Soldato! Che sta facendo?

Giovanni **si voltò** e rispose all'infermiera:

–Non sto facendo nulla! Mi sono semplicemente alzato.

–È proibito alzarsi dal letto.

–Io sto bene!

–No! Non sta bene! Ritorni a letto!

Giovanni la guardò male.

«Ricevo già **abbastanza** ordini», pensò.

Finalmente il soldato tornò a letto e si sdraiò nuovamente. L'infermiera pima controllò la stanza, poi i dati del paziente. Aveva **un quaderno** in mano e prendeva appunti con una penna. Giovanni le chiese:

–Va tutto bene?

–Sì, è tutto a posto. Le condizioni sono buone. **Mi faccia vedere** la ferita.

Giovanni alzò il braccio e le mostrò la ferita. L'infermiera guardò **la fasciatura**. La **benda** era **secca** perché la ferita non sanguinava più. L'infermiera scrisse qualcos'altro sul suo quaderno.

–La ferita è in fase di guarigione. Potrà uscire tra una settimana.

–Una settimana! **È un sacco di tempo! Che scocciatura!**

–Mi sembra **parecchio irritabile** oggi. Sono ordini del medico. **Ambasciator non porta pena.**

Giovanni **sbuffò**. Non voleva rimanere un'altra settimana in ospedale. Lì non c'era nulla da fare e si annoiava. Poteva solo guardare fuori dalla finestra e pensare.

L'infermiera stava per andarsene però prima di chiudere la porta disse a Giovanni:

–Ah! Quasi dimenticavo! Tra un'ora riceverà una visita.

I suoi amici e i suoi familiari erano molto lontani e per questo nessuno era ancora andato a trovarlo. Non era sicuro di aver capito bene.

–Una visita per me? Chi è? Un soldato, un amico, **un familiare**? – chiese.

–È una sorpresa.

L'infermiera si mise a ridere, uscì e chiuse la porta **dietro di sé**.

Dopo un'ora qualcuno **bussò** alla porta.

–**Avanti!** – disse Giovanni.

La porta si aprì e comparve il medico tenente Roggero. Giovanni quasi non lo aveva riconosciuto senza l'uniforme da medico e senza fango **addosso**.

–Dottore!

–Come va compagno?

–Molto bene però **mi annoio da morire** qui.

Roggero lasciò cadere la giacca su **una poltrona** accanto alla porta e si sedette sulla sedia vicino al letto. Lui sorrise a Giovanni.

–Ho delle notizie per te. Vuoi sentirle?

–Ovvio!

–So dove si trova la tua ragazza.

–È successo qualcosa a Benedetta? Non mi ha ancora risposto. Le ho mandato un'e-mail due giorni fa.

–No, sta bene! Va tutto bene, però dubito che abbia ricevuto il tuo messaggio.

–Che vuoi dire?

–Il tuo messaggio sicuramente non le è arrivato.

–Come fai a saperlo?

–Perché so in quale campo si trova e so che lì hanno dei problemi di connessione da diversi giorni.

–Capisco!

–Anche lei è medico?– chiese Roggero.

–Sì, anche lei è un medico. Però è sempre basata in un campo di battaglia diverso.

–Quando l'ho incontrata non le ho chiesto se era un soldato o un medico.

–È un medico, come te.

–Mi piacerebbe tanto poter parlare con lei. Non ho sue notizie da settimane.

–Stanno provando a sistemare la connessione.

–Spero che stia bene.

–**Certo che sì!**

Giovanni e Roggero parlarono per un po'. Parlarono di molte cose. Parlarono degli amici, della famiglia, delle loro case... In poco tempo erano diventati buoni amici.

Era quasi notte e Roggero doveva andare.

–È notte, Giovanni, devo proprio andare adesso. Domani devo lavorare.

–Vai sul campo?

–No, lavoro in un'altra sezione, vicino a questo ospedale.

–Allora magari torna a trovarmi, se puoi.

–Lo farò!

Prima di andarsene, Roggero pensò un attimo e disse:

–Giovanni, **ti darò una mano**.

–**Che vuoi dire**?

–**Dato che** non hai potuto comunicare con la tua ragazza, proverò io a parlare con lei e le farò avere il tuo messaggio.

–Però se non c'è modo di comunicare con quella base come farai?

–Io posso andare fin lì.

–Però hai detto che devi lavorare!

Roggero sapeva che non avrebbe potuto allontanarsi dal posto di lavoro. Doveva lavorare e per questo pensò ad una soluzione diversa.

–Ah, sì, lo so! Mi farò spostare alla base dove lavora Benedetta.

–Pensi sia possibile?

–Sì.

–Allora questa mi sembra un'ottima idea. Quando la vedi, ti prego di dirle questo...

Giovanni comunicò a Roggero il suo messaggio per Benedetta.

–Adesso vado, Giovanni – gli disse Roggero.

–Grazie di tutto, amico!

–Troverò Benedetta e le dirò che stai bene.

Annesso al capitolo 2

Riassunto

Il soldato Giovanni è in ospedale dove si annoia molto. Non gli è permesso alzarsi dal letto, ma un giorno lo fa lo stesso perché vuole guardare fuori dalla finestra. In quel momento entra un'infermiera che gli ordina di tornare a letto. Giovanni sta guarendo e l'infermiera gli dice che potrà essere dimesso tra una settimana. Prima di andare via, l'infermiera lo informa che quel giorno avrebbe ricevuto una visita. Roggero va a trovarlo e passano del tempo insieme. Giovanni non è riuscito a comunicare con la sua ragazza. Lei lavora come medico in un'altra base, ma per il momento lì non hanno connessione. Roggero promette di trovarla e di comunicarle il messaggio di Giovanni. Roggero e Giovanni erano diventati buoni amici.

Vocabolario

- sdraiato = lying down
- stava guarendo = (he) was healing
- appetito = appetite
- un prato = grass
- peggiorare = to get worse
- debole = weak
- si appoggiò = (he) leaned on
- in piedi = standing
- si voltò = he turned around
- abbastanza = enough
- un quaderno = a notebook
- Mi faccia vedere = let me see (formal)
- la fasciatura = the bandage
- la benda = the bandage, the gauze

112

- secca = dry
- È un sacco di tempo! = it's a long time!, it's ages!
- Che scocciatura! = What a hassle!, what a drag!
- parecchio irritabile = pretty irritable
- Ambasciator non porta pena = (idiom) don't shoot the messenger
- sbuffò = panted
- un familiare = a family member
- dietro di sé = behind her
- bussò = (he) knocked
- Avanti! = Come in!
- addosso = on (him)
- mi annoio da morire = I'm bored to death
- una poltrona = an armchair
- Certo che sì! = That's for sure!, Of course!
- ti darò una mano = I'll give you a hand, I'll help you
- Che vuoi dire? = What do you mean?
- Dato che = given that

Domande a risposta multipla
Seleziona una sola risposta per ogni domanda

6. Giovanni si trova:
    a. In un campo di battaglia
    b. In città
    c. In ospedale
    d. In un parcheggio

7. La ferita di Giovanni:
    a. Non si sta sanando
    b. Si sta sanando
    c. Si è sanata completamente
    d. È sempre la stessa

8. La fidanzata di Giovanni si chiama:
    a. Beatrice
    b. Benedetta
    c. Claudia
    d. Nessuna delle precedenti

9. Perché la fidanzata di Giovanni non aveva ricevuto il suo messaggio?
    a. Non si sa dove sia Benedetta
    b. Ci sono problemi di comunicazione
    c. Per via della guerra
    d. Nessuna delle precedenti

10. Roggero alla fine decide di:
    a. Andare a combattere
    b. Andare al campo di battaglia dove lavorava prima
    c. Andare al campo di battaglia dove lavora Benedetta
    d. Non andare in guerra.

Soluzioni capitolo 2

6. c
7. b
8. d
9. b
10. c

Quella notte Roggero **dormì** in un albergo vicino all'ospedale militare. Uscito dall'ospedale aveva chiamato un taxi per raggiungere l'albergo. Entrò nella hall e salutò la ragazza alla reception:

–Buona sera. Vorrei **una stanza** per questa notte, per favore. **Senza colazione**.

–Molto bene, signore. Dove preferisce la stanza?

–**Non ho preferenze**.

–D'accordo, ecco la sua **chiave**, questo è il numero della stanza. Si trova al primo piano a destra. **Vuole pagare con la carta?**

–Sì, grazie.

Una volta effettuato il pagamento con la carta di credito, la ragazza **la ridiede** a Roggero.

–Molte grazie, signore. Buona notte.

–Buona notte anche a lei.

Roggero si svegliò la mattina seguente e prese un altro taxi per l'aeroporto. **Fortunatamente** i combattimenti non erano arrivati fino in città anche se il campo di battaglia dove aveva conosciuto Giovanni non era così lontano.

Prese un aereo **per raggiungere** un'altra città e lavorare nel campo di battaglia dove si trovava Benedetta. Sull'aereo **fu ricevuto** da un generale. Roggero gli fece il saluto militare.

–Buongiorno, generale.

–Tenente!

Il generale gli diede delle informazioni sul campo di battaglia dove sarebbero atterrati. **Laggiù** la guerra era più violenta rispetto al campo di battaglia dove aveva conosciuto Giovanni. Roggero parlò a lungo con il generale che **lo aggiornò** su tutto.

Arrivarono a destinazione e dopo aver salutato il generale, Roggero andò alla caffetteria del campo. Lì c'erano molti soldati che stavano facendo colazione e molti di loro erano feriti. I soldati aspettavano il segnale per andare in battaglia, eppure non si avvertiva alcuna tensione nell'aria. I soldati scherzavano e ridevano. Roggero vide un tavolo con tre soldati e una sedia libera. Andò a sedersi su quella sedia **vuota**:

–Salve – disse ai soldati.
–Ciao, compagno – gli risposero i soldati.
–**Sto cercando** qualcuno.
–Un soldato?
–Più o meno, è un medico dell'esercito.
–Come si chiama?
–Si chiama Benedetta.

I soldati **si scambiarono delle occhiate**. Le loro espressioni **parlavano chiaro**.
–**Ci dispiace**, non conosciamo nessuno con questo nome.
–Peccato!

Roggero era sul punto di andarsene quando i soldati gli dissero:
–**Già te ne vai?**
–Sì, devo trovare Benedetta. È molto importante.
–Perché è così importante? – chiesero gli altri soldati.

117

–È la ragazza di un mio amico. Devo trovarla.

–Come si chiama il tuo amico?

–Si chiama Giovanni.

I soldati tornarono a scambiarsi delle occhiate.

–Giovanni? Capelli rossi, alto, **lentiggini**, occhi azzurri?

–Sì! È lui!

–Lo conosciamo!

Roggero **si rallegrò** del fatto che i soldati conoscevano il suo nuovo amico.

–Lo conoscete da molto tempo?

–Sì, abbiamo fatto **l'addestramento** insieme quando ci siamo arruolati. Non sapevamo il nome della sua ragazza, adesso sappiamo che si chiama Benedetta.

–Devo trovarla, però non so dove sia di preciso.

Uno dei soldati ci pensò qualche secondo. Benedetta... Bened... Il nome gli suonava familiare. Finalmente disse a Roggero.

–Come ti chiami?

–Roggero.

–Credo di sapere come trovare Benedetta.

–Come?

–Vieni con me.

Il soldato **portò** Roggero dal generale.

–Generale, le possiamo parlare? – gli chiese il soldato.

–Avanti, parlate.

–Conosce un medico di nome Benedetta?

–Sì, la conosco. Si trova in mezzo al campo di battaglia proprio in questo momento.

Roggero sapeva che era difficile **ottenere il permesso** di entrare nel campo di battaglia il primo giorno, però lo chiese lo stesso al generale:

–Generale, chiedo il permesso di entrare in battaglia. Vorrei assistere i soldati durante il combattimento.

–Invieremo 300 soldato tra un'ora.

–Vorrei essere uno di loro.

–Come vuole tenente. **Si prepari**. – disse il generale.

Un'ora dopo, Roggero e il soldato erano in pieno uniforme. Roggero era medico e il suo nuovo amico era un soldato. Roggero non sapeva ancora il suo nome, così prima di andare al campo di battaglia gli chiese:

–Come ti chiami?

–Davide.

Roggero e Davide entrarono nel campo di battaglia. Si sentivano spari, grida, esplosioni. Si vedevano alcuni soldati feriti, tanto fango, terra ed edifici distrutti. Lottarono per parecchi minuti prima di arrivare a un edificio **in rovine sul lato opposto.**

Dentro l'edificio in rovine c'erano molti soldati feriti e un medico. Di sicuro doveva trattarsi di Benedetta. Roggero e Davide combatterono fino a quando riuscirono a entrare nell'edificio in rovine e Roggero si rivolse a Benedetta:

–Sei Benedetta?

–Sì, sono io. **Ho da fare**. Sto curando diversi soldati. Che vuoi?

–Ho un messaggio da parte del tuo ragazzo.

–Il mio ragazzo? Giovanni? Sta bene?

Roggero pensò per qualche secondo prima di rispondere. Gli spari e le esplosioni erano molto forti e i due dovevano urlare per sentirsi. Davide proteggeva l'ingresso mentre i medici parlavano.

–Giovanni è ferito e si trova in un ospedale militare, però sta bene. Ti ha inviato un messaggio, però so che qui avete problemi di comunicazione.

–Sono giorni che abbiamo problemi di comunicazione. Hanno distrutto **la torre radio**. Cosa diceva il messaggio?

Roggero fece una sintesi del messaggio e disse:

–Quando la guerra sarà finita, Giovanni **vorrebbe sposarti**.

Annesso al capitolo 3

Riassunto

Dopo aver fatto visita a Giovanni, Roggero esce dall'ospedale, prende un taxi e va a dormire in un albergo. Il giorno dopo prende un aereo per andare al campo di battaglia dove si trova Benedetta. Arrivato sul campo, chiede ad alcuni soldati se conoscono la donna. Nessuno la conosce, però conoscono Giovanni. Uno dei soldati pensa che il generale potrebbe saperlo. Il generale li informa che Benedetta è in mezzo al campo di battaglia. Roggero chiede se può unirsi alla battaglia e gli viene dato il permesso. Roggero incontra Benedetta e le dice che Giovanni è ferito ma che sta bene. Inoltre le comunica il messaggio di Giovanni.

Vocabolario

- dormì = (he) slept
- una stanza = a room
- Senza colazione = no breakfast
- Non ho preferenze = I don't mind
- chiave = key
- Vuole pagare con la carta? = Would you like to pay by card?
- la ridiede = (she) gave (the card) back
- Fortunatamente = luckily
- per raggiungere = to reach
- fu ricevuto = (he) was greeted, (he) was received
- Laggiù = over there
- lo aggiornò = he updated him
- Arrivarono a destinazione = (they) arrived at destination

- vuota = empty
- Sto cercando = I'm looking for
- si scambiarono delle occhiate = they exchanged looks
- parlavano chiaro = were clear, they could not be misunderstood
- Ci dispiace = we are sorry
- Già te ne va? = Are you going already?
- lentiggini = freckles
- si rallegrò = (he) rejoiced
- l'addestramento = the training
- portò = (he) brought
- ottenere il permesso = to get permission
- Si prepari = (formal) get ready
- in rovine = falling apart, in ruins
- sul lato opposto = on the opposite side
- Ho da fare = I'm busy
- la torre radio = the radio tower
- vorrebbe sposarti = (he) would like to marry you

Domande a risposta multipla
Seleziona una sola risposta per ogni domanda

11. Dove dorme Roggero?
    a. All'ospedale militare
    b. In un albergo
    c. In una macchina
    d. In aereo

12. Come fa a raggiungere l'altro campo di battaglia Roggero?
    a. Con un aereo
    b. Con una macchina
    c. In treno
    d. In taxi

13. Chi sa dove si trova Benedetta?
    a. Il soldato Davide
    b. Il generale
    c. Un altro soldato
    d. Nessuno di loro

14. Davide e Roggero sono:
    a. Amici da tanto tempo
    b. Fratelli
    c. Medici
    d. Nessuna delle precedenti

15. Dove si trovava Benedetta?
    a. Nella torre della radio
    b. In un edificio nuovo
    c. In un edificio in rovine
    d. In un aereo

Soluzioni capitolo 3

11. b
12. a
13. b
14. d
15. c

This title is also available as an audiobook.

For more information, please visit the Amazon store.

5. Rock

Capitolo 1 – Il camion

Ciao! **Mi presento.** Mi chiamo Frank e queste sono le mie **memorie**. Non so come hai fatto a sapere dove si trovava questo **libricino**, però qui sono stati scritti i miei ricordi.

Io sono un uomo anziano, che ha vissuto **intensamente** e che ha avuto **una gioventù** molto **animata**. Quando ero giovane, facevo parte di un gruppo di musicisti, musicisti rock. Tutti iniziò così:

In quegli anni io vivevo negli Stati Uniti. Lavoravo come meccanico e riparavo camion. Mi piacevano molto i camion e per questo avevo studiato meccanica per **parecchi** anni. Quando terminai i miei studi mi rilasciarono un titolo che certificava che avevo superato tutti gli esami. Successivamente iniziai a lavorare come **apprendista** meccanico presso **un'officina** dove riparavano camion.

Al termine del mio apprendistato di un anno, salutai tutti i miei colleghi e andai verso la **fermata dell'autobus**. All'improvviso sentì il mio capo urlare il mio nome:

–Frank!

Io stavo per prendere l'autobus per tornare a casa. Dovevo andare dai miei genitori. Adesso avrei dovuto cercare un nuovo lavoro. Mio padre portava sempre a casa un quotidiano dove pubblicavano le offerte di lavoro. Si trovavano degli **annunci** molti interessanti delle volte. Io risposi al mio capo:

–**Ti serve qualcosa**, Harry?
–Sì, aspetta, non andare via subito –mi disse.

Sembrava che Harry volesse parlarmi. Io non sapevo di che cosa. Ormai avevo terminato il mio lavoro. Poi lui mi disse:
–Vieni con me in ufficio, ho qualcosa per te.

Io sorrisi e gli chiesi:
–Una sorpresa?
–**Qualcosa del genere**. Dobbiamo parlare.

L'autobus passò senza fermarsi e io tornai con Harry all'officina. Nell'officina c'erano ancora i miei colleghi dell'apprendistato che mi salutarono un'altra volta. Entrai nell'ufficio di Harry. Harry si sedette sulla sua sedia e io rimasi in piedi.

–Non ti siedi, Frank?
–No, sto bene così.
–Come vuoi. **Non ci metterò molto**. Devo solo dirti una cosa.

Per un attimo **mi preoccupai**. Avevo forse fatto qualcosa di sbagliato? C'era forse qualche problema? Finalmente, Harry mi disse:
–Voglio che continui a lavorare per me.

Sentire questo mi rallegrò molto perché significava che avrei avuto un lavoro. Trovare un lavoro a quei tempi non era facile. Meglio avere un lavoro che già conoscevo e poi mi piaceva lavorare in quell'officina di camion. Harry notò che non dicevo nulla, così mi chiese:

–Quindi? Che ne dici? Vuoi continuare a lavorare qui?

–Certo che lo voglio! – gli risposi. –Senz'alcun dubbio!

–Bene, allora lavorerai come hai fatto finora. Riparerai camion, li **vernicerai**, li **pulirai** e **dovrai prenderti cura** dei clienti.

–Capito! Quando comincio?

–Lunedì alle 8. Oggi è venerdì, ti raccomando di riposare. Passa un buon fine settimana e ci vediamo lunedì.

Corsi a casa dai miei genitori per dirgli che avevo già un lavoro. Mio padre aveva preso il giornale per aiutarmi a cercarne uno.

–Non abbiamo più bisogno del giornale! – dissi ridendo.

–E come troverai lavoro?

–Ho già un lavoro! Nello stesso posto dove ho fatto la pratica: all'officina di camion. Harry mi ha offerto un contratto per continuare a lavorare lì e io sono molto contento. Mi piacciono i camion e mi piace lavorare lì.

–Molto bene! Quando inizi?

–Lunedì.

–Bene, tua madre e io siamo molto contenti.

Mia madre mi diede un bacio. Quel fine settimana lo passai con i miei amici. **Festeggiammo** e andammo ad ascoltare **musica dal vivo**.

Il lunedì alle 8 di mattina ero all'officina di Harry, come stabilito.

Lui mi guardò in faccia e vide che avevo una faccia **a pezzi**.

–Ehi, ragazzo! Che ti è capitato?

–Niente, solo un fine settimana parecchio **movimentato**! Ecco cosa mi è capitato.

–Avete fatto **baldoria**?

–Sì, **abbiamo esagerato**.

–**Birra a fiumi?**

–Esatto.

–Ah, Ah!

Harry era il mio capo però dopo aver lavorato con lui per anno era diventato anche un po' un amico. Era un capo molto **vicino** ai suoi dipendenti, severo negli affari, però amichevole con noi. Io gli raccontavo tutto come fosse un amico. Parlavamo di tutto mentre lavoravamo e mi pagava bene. Inoltre mi insegnava un sacco di cose sui camion. Il mio lavoro era **stimolante**.

E poi, cos'altro potevo volere? Avevo un lavoro e avevo tanti amici. I miei genitori mi davano tutto quello di cui avevo bisogno e io ero felice così. Però quello stesso lunedì all'officina, la mia vita cambiò. Vuoi sapere come? Te lo racconto.

Quel giorno arrivò all'officina un camion nero e rosso. Il camion apparteneva a un gruppo musicale. Il cantante andò a parlare con Harry e io ascoltai la conversazione:

–Buongiorno!

–Ciao, ragazzo. Come posso aiutarti?

–Abbiamo bisogno di un aiutante per il nostro tour. Suoniamo in giro per gli Stati Uniti, dal nord al sud, a volte anche in Canada. Il nostro camion è vecchio e non possiamo comprarne uno nuovo per trasportare i nostri strumenti.

Vogliamo contrattare qualcuno **temporaneamente** per controllare il camion **di tanto in tanto** durante il tour. Possiamo pagare bene.

Io sentì quello che Harry gli aveva risposto.
–Mi dispiace, noi ripariamo camion, li verniciamo e li puliamo ma solo qui. Non offriamo il tipo di servizio che cercate.

Il cantante dal gruppo disse:
–**Peccato!**

Il cantante stava per andarsene, quando io dissi:
–Harry! **Ci vado io!**
–Sei sicuro?
–Sì, inoltre in queste settimane non ci sarà molto da fare all'officina.

Harry ci pensò un attimo e poi disse:
–Va bene, se è questo quello che vuoi...
–Sì, grazie, Harry.

Harry chiese al cantante:
–Quanto dura il tour?
–Un mese e mezzo. Finisce a maggio.
–Va bene. Prepariamo il contratto. Vieni con me.

I due **stilarono** il contratto e anche io lo **firmai**. L'avventura cominciava in quel momento. Andai a casa dai miei genitori **per salutarli**. Passai l'ultima serata con i miei amici bevendo birra e il giorno dopo raggiunsi il camion che mi stava già aspettando sull'**autostrada** appena fuori città.

Annesso al capitolo 1

Riassunto

Il libro ritrovato racconta le memorie di Frank. Lui da giovane ha vissuto negli Stati Uniti e ha studiato meccanica. Ha fatto pratica in un'officina di camion. Alla fine dell'apprendistato, il suo capo, Harry, gli ha offerto di continuare a lavorare per lui. Un lunedì arriva all'officina il camion di un gruppo musicale. I musicisti hanno bisogno di un meccanico per andare in tour con loro e occuparsi del camion. Frank decide di partire con loro.

Vocabolario

- Il camion = the truck
- Mi presento = allow me to introduce myself
- memorie = memories
- libricino = small book
- intensamente = intensely
- una gioventù = a youth
- animata = animated, lively
- parecchi = many, a lot
- apprendista = apprentice
- un'officina = a garage
- fermata dell'autobus = bus stop
- annunci = advertisement
- Ti serve qualcosa? = do you need anything
- Qualcosa del genere = something similar
- Non ci metterò molto = I won't be long, I'll be quick
- mi preoccupai = I got worried
- vernicerai = you will varnish
- pulirai = you will clean
- dovrai prenderti cura = you will have to take care

- festeggiammo = we celebrated
- musica dal vivo = live music
- a pezzi = in pieces, (really tired)
- movimentato = animated, eventful
- baldoria = paint the town red
- abbiamo esagerato = we went too far
- birra a fiumi? = a huge amount of beer? ("beer like a river?")
- vicino = close
- stimolante = stimulating
- temporaneamente = temporarely
- di tanto in tanto = from time to time
- Peccato! = it's a shame, it's a pity
- Ci vado io = I'll go
- stilarono = drew up, drafted
- firmai = I signed
- per salutarli = to say goodbye
- autostrada = highway

Domande a risposta multipla
Seleziona una sola risposta per ogni domanda

1. Frank viveva:
   a. Negli Stati Uniti
   b. In Canada
   c. In Messico
   d. Nel Regno Unito

2. Dove fu il primo lavoro di Frank?
   a. In un gruppo musicale
   b. In un'officina di camion
   c. In un'officina di macchine
   d. Cantando su un camion

3. Che tipo di lavoro faceva Frank?
   a. Riparava camion e verniciava macchine
   b. Riparava macchine e verniciava camion
   c. Riparava, verniciava e puliva macchine
   d. Riparava, verniciava e puliva camion

4. Com'era il capo di Frank?
   a. Molto severo e poco chiacchierone
   b. Molto severo e non parlava mai
   c. Severo negli affari ma amichevole
   d. Nessuna delle precedenti

5. Il camion che arrivò all'officina era:
   a. Un camion di Harry
   b. Il camion di un gruppo musicale
   c. Il camion del padre di Frank
   d. Il camion di Frank

Soluzioni capitolo 1

1. a
2. b
3. d
4. c
5. b

Capitolo 2 – Il primo concerto

Il camion mi stava aspettando in autostrada. L'autostrada era lontano da casa mia e per questo avevo dovuto prendere un autobus. Ad aspettarmi c'erano tutti i membri del gruppo. Il camion era parcheggiato in **un'area di servizio**, pronto per riprendere il viaggio.

Il cantante uscì dal camion **non appena** mi vide e mi salutò:
  –Frank! Sono felice di vederti!
  –Ciao!– risposi io.
  –Già... è vero! Non sai ancora come mi chiamo! Mi chiamo Connor!
  –Piacere di rivederti, Connor!
  –Vieni, ti presento il resto del gruppo.

Connor mi presentò tutti gli altri membri.
  –Allora, questi sono: Alicia, Ethan e Billy.

Tutti i membri del gruppo mi salutarono.
  –Ciao, Frank! **Ci divertiremo un sacco!** – disse Alicia.
  –Sì, lo credo anch'io – risposi.

Connor ci disse:
  –Bene! Saliamo sul camion! **Mettiamoci in viaggio!**

Alicia, Ethan e Billy si sedettero davanti, mentre Connor e io eravamo dietro. Era come una piccola casa. C'era un piccolo divano, chitarre, bassi e altri strumenti. La batteria del gruppo era sistemata da un'altra parte.
  –Non sai niente di noi, vero Frank? – mi chiese Connor.
  –Per la verità no. So solo che siete un gruppo rock.

–Hai ascoltato il nostro nuovo disco?

–No, non ho ascoltato nessuno dei vostri dischi, però una volta vi ho visti in concerto.

–Ci hai visti in concerto?

–Sì, però tanto tempo fa e non mi ricordo quasi nulla. Vado spesso ad ascoltare musica dal vivo coi miei amici.

Quello era vero ed era vero anche che conoscevo il gruppo a malapena. Li avevo visti suonare diversi mesi prima, forse anni. Adesso il gruppo iniziava un tour in giro per il Paese. Era una cosa positiva, significava che erano cresciuti e che avevano venduto molti dischi. Ero molto interessato a loro perché la musica rock mi piaceva **un sacco**, quindi chiesi a Connor:

–Allora... dimmi un po'. Il tour è in molte città degli Stati Uniti, giusto?

–Sì, poco tempo fa **ci ha avvicinati** un uomo alla fine di un concerto.

–Chi era?

–Era un rappresentante di **una casa discografica**. Aveva preparato per noi un programma: un tour in diverse città degli Stati Uniti. Ha detto che voleva farci un contratto. Adesso lui **guadagna una percentuale** sui nostri concerti in tutto il Paese e noi suoniamo.

–E il tour dura poco meno di due mesi?

–Sì, è poco tempo. Però non importa. Non andiamo in così tante città alla fine.

–Deve essere emozionante.

–Sì, lo è! Anche se il nostro camion è "anziano" e ha diversi **acciacchi**... fa dei rumori strani e **si lamenta**. Per questo ti abbiamo voluto con noi.

Io scoppiai a ridere perché mi aveva divertito il suo modo di descrivere il camion. Era un ragazzo molto allegro e vivace. Aveva anche **un bell'aspetto**.

Connor continuò a parlare:
–Spero che il camion resista.
–Anch'io! **Non mi va di lavorare troppo!**

Connor si mise a ridere.
–Beh, questo lo immagino! Ti paghiamo lo stesso non ti preoccupare.

Alicia, che aveva ascoltato il mio commento dalla parte frontale del camion, gridò:
–Connor! Abbiamo assunto **uno scansafatiche**!
Connor le rispose!
–**Affatto!** È solo uguale a noi!

Il viaggio quel giorno fu molto divertente. Mi feci un sacco di risate e **scoprì di andare molto d'accordo** con i membri del gruppo. Erano persone divertenti. Mi misi a dormire per un paio d'ore e **si fece notte**. Quando mi svegliai, Alicia mi stava guardando:
–Buongiorno, Frank! O meglio, dovrei dire... Buona notte!
–Che ore sono?
–Le 9 di sera. Ti sei svegliato in tempo per un concerto rock! Connor ti sta aspettando fuori.

Mi alzai e scesi dal camion.
–Andiamo, svegliati, Frank! **Da' un'occhiata** al camion. Controlla il carburante e le ruote. Per il momento, basta solo questo.

Controllai il camion per 30 minuti. **Sembrava essere tutto perfettamente a posto**. Entrai dentro il locale dove si sarebbe tenuto il concerto. Lì c'era una sala speciale per i musicisti, dove si preparavano prima di **salire sul palco**. Tutti i membri del gruppo erano lì.

Connor era il cantante e stava **riscaldando** la voce.

Alicia era la chitarrista e stava **accordando** la chitarra.

Billy era il bassista e stava cambiando le corde al suo basso.

Ethan era il batterista e stava facendo esercizi per **i polsi**.

Connor mi vide e chiese:

–Il camion è a posto, Frank? Noi iniziamo a suonare tra poco.

–Sì, è tutto a posto.

–**Meno male!** Puoi vederci suonare se ti va.

–Sì, lo farò.

Uscì dalla sala e andai al bar a ordinare una birra. Le altre persone del locale ed io aspettammo solo per qualche minuto. Il locale era pieno. Connor, Alicia, Ethan e Billy comparvero sul palco e iniziarono a suonare per circa un'ora e mezza. In quel momento mi resi conto che erano davvero bravi. **Anzi**, erano eccezionali! Ancora me lo ricordo. Da quel momento mi venne voglia di ascoltare tutto il loro **repertorio**.

Quando il concerto terminò, i membri del gruppo uscirono dal locale uno per volta. I fan volevano fotografarli e chiedergli gli autografi. Io li stavo aspettando sul camion. Il primo ad arrivare fu Connor. Io ero seduto sul divano e ascoltavo della musica.

–Che ti è sembrato?
–Mi è piaciuto da morire!
–Dici davvero?
–Sì! Dico la verità.
–È stato pazzesco!

Poco dopo ci rimettemmo in viaggio. Questa volta guidava Ethan, il batterista. Connor disse:

–Ci vorranno 12 ore per arrivare alla seconda **tappa**.

–Abbiamo abbastanza tempo? – chiese Ethan.

–Sì. Ma abbiamo anche bisogno di dormire un po'. – rispose Connor.

Io mi addormentai poco dopo. Ero stanco e felice. La vita da rocker sembrava **affascinante**.

Annesso al capitolo 2

Riassunto

Frank inizia il suo viaggio insieme alla band. Sul camion chiacchiera con Connor e gli altri e scopre di andare molto d'accordo con loro. Arrivati nel luogo del concerto Frank controlla il camion mentre il gruppo si prepara a suonare. Il camion è in ottime condizioni. Frank va al locale dove suona il gruppo. Quella sera assiste al concerto e si rende conto che sono davvero bravi. Dopo il concerto, ripartono per la tappa successiva.

Vocabolario

- un'area di servizio = a service area
- non appena = as soon as
- Ci divertiremo un sacco! = this is going to be fun!
- Mettiamoci in viaggio = Let's start the journey!
- un sacco = (used in this context) a lot
- ci ha avvicinati = (he) approached us
- una casa discografica = a record company
- guadagna una percentuale = (he) earns commissions, (he) earns a percentage
- acciacchi = aches and pains
- si lamenta = it moans
- Io scoppiai a ridere = I bursted into laughter
- un bell'aspetto = good looking
- Non mi va di lavorare troppo! = I don't want to work too much!
- uno scansafatiche = a lazybones
- Affatto! = Not at all!
- scoprì di andare molto d'accordo con = I discovered that I was getting on very well with

- si fece notte = night fell
- Da' un'occhiata = take a look at
- la gasolina = gasoline, petrol, gas
- sembrava essere tutto perfettamente a posto = everything seemed to be perfect
- salire sul palco = to get on stage
- riscaldando = warming
- accordando= tuning
- i polsi = the wrists
- Meno male! = Thank goodness!
- Anzi = actually
- repertorio = repertoire
- Che ti è sembrato? = What did you think?
- Mi è piaciuto da morire! = I liked it a lot!
- Dici davvero? = Are you serious?
- tappa = stop, stopover
- affascinante = fascinating

Domande a risposta multipla
Seleziona una sola risposta per ogni domanda

6. Il cantante si chiama:
    a. Ethan
    b. Alicia
    c. Connor
    d. Billy

7. Il batterista si chiama:
    a. Ethan
    b. Billy
    c. Connor
    d. Alicia

8. Che tipo di musica suonavano?
    a. Rap
    b. Rock
    c. Jazz
    d. Heavy metal

9. Frank conosceva il gruppo prima di partire con loro.
    a. Vero
    b. Falso
    c. Aveva ascoltato un disco
    d. Vero, molto bene

10. Per quanto tempo dorme Frank?
    a. Mezz'ora
    b. Un'ora
    c. Due ore
    d. Dodici ore

Soluzioni capitolo 2

6. c
7. a
8. b
9. a
10. c

Dormì per diverse ore. La verità è che **non so bene** per quanto tempo. Mi ricordo solamente di essermi svegliato e di non aver trovato nessuno sul camion. Dov'erano tutti gli altri? Dov'era Alicia? Dov'era finito Connor? Non ne avevo idea! L'unica cosa certa era che ormai era giorno. Non era più notte.

Mi alzai dal **divano** dove avevo dormito. C'era un biglietto attaccato alla parete del camion. Provai una sensazione strana perché appena sveglio, per un attimo, non mi ero ricordato dove mi trovavo. Era la mia prima notte sul camion. L'interno sembrava un appartamento, non sembrava affatto un veicolo.

Presi il **foglietto** dal muro e lo lessi.

«Siamo usciti a fare colazione. Dormivi profondamente e non abbiamo voluto svegliarti. Per favore, quando ti svegli controlla ancora una volta il camion. È importante, perché stasera abbiamo un altro concerto».

Lessi la nota e la rimisi dov'era. Guardai fuori dal finestrino e vidi che eravamo fermi in un parcheggio e lì vicino c'era una caffetteria dove poter fare colazione. Forse il gruppo stava facendo colazione lì, quindi scesi dal camion ed entrai per vedere se erano davvero lì.

–Buongiorno– dissi al cameriere.
–Salve! **Cosa prende?**
–Un caffè macchiato e con zucchero, per favore.
–Arriva subito.

Mentre ordinavo il caffè non vidi nessuno seduto ai tavoli. Non erano lì, ma restai lo stesso a bermi il mio caffè con calma.

Quindi uscì dalla caffetteria, salì sul camion e presi qualcosa da mangiare, poi mi misi fuori ad aspettare. Il gruppo arrivò dopo pochi minuti. Connor era di buon umore, come sempre. Mi salutò e disse:

–Frank! Buongiorno, amico mio! Come va? **Hai dormito come un ghiro!**
–**Come va**, Connor? Sì, ho appena finito di bere un caffè, vediamo se riesco a svegliarmi completamente.
–Bene, rimettiamoci in viaggio.

Il gruppo e io salimmo sul camion. Questa volta guidava Alicia. Parlammo per diverse ore, **giocando a carte** e **bevendo bibite fresche**. All'improvviso, nel pomeriggio, il camion si fermò e iniziò a uscire del **fumo** dalla parte frontale.

–Oh, no!– esclamò Alicia.
Connor si alzò dal divano e andò **accanto** ad Alicia, davanti.
–Che succede, Alicia?
–Non lo so, sembra che ci sia un problema col motore.
Allora che Connor mi chiese:
–Frank, avevi controllato il camion?

Fu in quel momento che mi ricordai che no, non lo avevo controllato. La nota, **mannaggia! Me ne ero completamente dimenticato**.

–Oh no, Connor! Mi dispiace molto! Me ne sono **scordato**!

–**Non fa niente**, Frank. Però dobbiamo trovare una soluzione.

–Dove siamo?

–Non lo so, prendo la mappa.

Presi la mappa che avevamo sul camion e gli indicai il punto dove ci trovavamo. Eravamo nel mezzo di una città, al lato di una piazza.

Alicia disse a Connor:

–E adesso che facciamo? Dobbiamo essere al locale tra un'ora!

–Non possiamo trasportare tutti gli strumenti al locale in un'ora. Dobbiamo cancellare il concerto.

Tutti i membri del gruppo sembravano tristi. Ethan, il batterista, disse:

–Dovremo cancellare la serata, **per forza!**

–Hai ragione, Ethan – disse Billy.

Era colpa mia. Dovevo fare qualcosa.

–Ho un'idea!

In quel momento, mi venne un'idea geniale. Connor mi chiese:

–Quale?

–Abbiamo la batteria portatile?

–Sì.

–Possiamo collegare gli strumenti alla batteria?

–Sì.

–Per quanto tempo?

–Circa due ore.

–Perfetto!

–Non capisco.

–Chiama il rappresentante della casa discografica e digli che farete il concerto qui.

Tutto il gruppo mi guardò **con una faccia perplessa**, però alla fine Connor chiamò il rappresentante e gli spiegò tutto. Quando chiuse il telefono, mi sorrise:
–**È una pazzia**, però potrebbe funzionare!

I ragazzi scesero dal camion con gli strumenti e li sistemarono a terra. Per strada c'era molta gente che si fermava a guardare **incuriosita**. Io mi misi in prima fila, davanti a loro.

Connor, con il microfono in mano disse:
–Pronti? Uno, due, tre...

Ethan iniziò a suonare la batteria, Billy il basso e Alicia la chitarra. Pochi secondi dopo, Connor iniziò a cantare.

In pochi tempo, c'erano circa 500 persone che **assistevano** al concerto. Molte più persone di quelle che ci sarebbero state in qualsiasi locale. Era incredibile. La gente faceva foto, ballava e si divertiva. C'erano anche dei giornalisti che stavano filmando tutto.

Il rappresentante non venne a vedere il concerto e quella sera il gruppo decise di cambiarlo. Diventai io il nuovo manager della band. Un paio di giorni dopo, chiamai Harry e lo ringrazia per il lavoro all'officina ma gli dissi che avrei cambiato **carriera**. Lui rispose:

–Va bene, ragazzo. Lo capisco. Chi non vorrebbe essere una stella del rock? In bocca al lupo!
–Crepi, Harry. Alla prossima! – gli risposi.

Questa è la storia di come diventai il manager della band. Ho molte altre storie da raccontare, ma questa è senza dubbio una delle mie preferite. **Viva il rock and roll!**

Annesso al capitolo 3

Riassunto

Frank si sveglia e non trova nessuno sul camion. Connor gli ha lasciato una nota per ricordargli di controllare il camion. Frank va a prendere un caffè. Poi torna al camion per mangiare qualcosa e quando il gruppo ritorna si rimettono subito in viaggio. Ad un certo punto il camion si rompe e Frank ammette di essersi dimenticato di controllarlo. Il gruppo non può raggiungere in tempo il locale del concerto. Frank suggerisce alla band di fare il concerto proprio lì. Dopo qualche esitazione il gruppo decide di ascoltarlo. Il concerto è un successo e la band decide di assumere Frank come nuovo manager del gruppo.

Vocabolario

- La verità è che = the truth is that
- non so bene = I don't know exactly
- divano = sofa
- foglietto = small paper
- Cosa prende? = What can I get you?, What would you like to order?
- Hai dormito come un ghiro! = You have slept like a log!
- Come va? = What's up?
- giocando a carte = playing cards
- bevendo bibite fresche = drinking fresh soft drinks
- fumo = smoke
- accanto = next to
- mannaggia! = damn!
- Me ne ero completamente dimenticato = I had completely forgotten

- Me ne sono scordato = I forgot
- Non fa niente = don't worry, it doesn't matter
- per forza! = inevitably
- Era colpa mia = it was my fault
- con una faccia perplessa = with a puzzled expression
- È una pazzia = it's crazy
- incuriosita = curious
- assistevano = were present
- carriera = career
- Alla prossima = see you
- Viva il Rock and roll! = Long live Rock & Roll!

Domande a risposta multipla

Seleziona una sola risposta per ogni domanda

11. Cosa vede Frank quando si sveglia?
    a. Un caffè sul tavolo
    b. Un messaggio attaccato al muro
    c. Connor
    d. Una caffetteria

12. Dove sono i membri del gruppo?
    a. Alla caffetteria
    b. Sul camion
    c. In una piazza
    d. Non si sa

13. Dove si ferma il camion?
    a. In mezzo a un bosco
    b. In mezzo a una piazza
    c. In mezzo a una città
    d. In mezzo all'autostrada

14. Che fanno quando si rompe il camion?
    a. Cancellano il concerto
    b. Chiedono aiuto
    c. Cambiano manager
    d. Fanno il concerto per strada

15. Qual è il nuovo lavoro di Frank?
    a. Manager
    b. Camionista
    c. Pompiere
    d. Nessuna delle precedenti

11. b
12. d
13. c
14. d
15. a

6. Il commerciante

<u>Capitolo 1 – La donna misteriosa</u>

Il mio nome è Valente. Sono **un commerciante proveniente da** terre lontane. Commercio prodotti diversi nelle tante città che incontro lungo il cammino. Viaggio spesso di città in città, da **un regno** all'altro. Il mio lavoro è quello di commerciare prodotti che possono aiutare la gente. Io **guadagno** monete d'oro e **in cambio** le persone delle diverse città ottengono i prodotti di cui hanno bisogno.

Questa storia ha inizio durante il viaggio verso la prima città. La prima città **verso cui sono diretto** quest'anno si chiama Rocca Grigia. Com'è Rocca Grigia? Beh, è una piccola cittadina. Si chiama così per via di **una collina** molto grande fatta di rocce grigie che si affacciano sul mare.

Il cammino che porta a Rocca Grigia è molto conosciuto perché collega **la rotta** del commerciante. Che cos'è la rotta del commerciante? Come dice il nome stesso, si tratta di una rotta che connette le varie città per i commercianti come me. Un re, tanti anni fa, fece costruire queste strade **per favorire** il commercio tra le varie città.

Io sto seguendo il cammino di Rocca Grigia e vedo già la città in lontananza. Vedo la grande collina di rocce che dà il nome alla città. Lungo il cammino incontro un viaggiatore a cavallo, con **uno scrigno**. Mi avvicino per salutarlo e chiedergli chi è. Mi piace parlare con la gente. Metà del mio lavoro consiste nel parlare con la gente, conoscerla e scoprire quali sono le cose che vogliono comprare.

–Buongiorno, viaggiatore! – gli dico.
–Salve! Come va?
–Molto bene. Sei un commerciante?
–No, sono un medico.
–**Non lo avrei mai detto**. Ho visto lo scrigno e ho pensato che potesse contenere gioielli o altri prodotti da vendere.
–No, non c'è nulla da vendere. Sono un medico di un'altra città. Mi hanno chiamato a Rocca Grigia perché hanno un problema e hanno chiesto il mio aiuto.
–Che tipo di problema?
–La loro principessa è **malata**.

Nei miei lunghi viaggi a cavallo, appena ho un momento libero, leggo sempre molti libri. Leggere è una delle cose che preferisco, si imparano moltissime cose ed è per questo che mi piace. **Si apprendono** tante nozioni di geografia dei regni e degli **usi e costumi** di ogni città. Non potrei mai occuparmi di commercio nelle varie città senza conoscere le tradizioni dei diversi posti e gli usi **delle persone che li abitano**.

Poco tempo fa, ho letto qualcosa sulla principessa di Rocca Grigia. La principessa è una donna molto intelligente però anche tanto malata. **Il re** era sempre alla ricerca di nuovi dottori in grado di curarla. Finora nessuno c'è riuscito e la principessa è in gravi condizioni.

–Conosci la principessa? – mi chiede il dottore.

–Non la conosco **personalmente**, però ho letto qualcosa su di lei. La principessa è una donna molto malata, vero?

–Sì, ho con me diverse medicine create a posta per lei.

–Si tratta di nuove medicine?

–Sono medicine molto forti e rare.

–Eccoci, stiamo entrando in città!

–Sì, **finalmente**.

Seguo il dottore all'interno della città. I nostri cavalli camminano dietro di noi. Arriviamo nella piazza del mercato di Rocca Grigia. Lì ci sono un sacco di commercianti. C'è molto rumore e parecchia confusione.

Il dottore **lega** il suo cavallo a un albero e mi dice:

–Vado al castello dalla principessa. Il re **mi starà aspettando**.

–**Buona fortuna!** – gli rispondo.

–Grazie, commerciante!

Anch'io lego il mio cavallo allo stesso albero e dò da mangiare a **entrambe le bestie**. Voglio esplorare la città e per questo comincio a camminare per le stradine. Percorro **vicoli** stretti e attraverso altre piazze. In una delle vie vedo una taverna. Ho sete quindi decido di entrare.

C'è molta gente all'interno. Si mangia, si beve e **si chiacchiera**. Il cameriere mi vede e mi chiede:

–**Che ti porto, forestiero**?

–**Idromele**, per favore.

–Idromele? Subito!

Mi siedo al bancone del bar e aspetto che il cameriere mi serva l'idromele. Mentre lui riempie la mia **caraffa**, vedo una strana donna che parla con degli uomini.

Il cameriere mi serve da bere e io lo pago: viene 3 monete.

Mi siedo a un tavolo vicino alla strana donna. Ha tanti capelli e la pelle piena di **rughe**. Anche la sua voce è singolare. È una donna molto misteriosa. Sono seduto al tavolo da solo. Non c'è nessuno vicino a me. Tiro fuori una pergamena dalla tasca e comincio a scrivere **per sembrare occupato**. Ascolto la conversazione tra la donna e gli uomini nella taverna:

–La principessa è ancora malata? – chiede un uomo.
–Sì... – risponde la strana donna, –però io ho la soluzione per guarirla.
–Davvero?
–Certo che sì! **Per chi mi prendi?**
–E perché non la curi allora?
–Mi manca un ultimo ingrediente. È molto difficile da trovare.
–Di che ingrediente si tratta?
–Un ramo di arancio.

Ascolto la conversazione della donna misteriosa. Le serve un ingrediente per curare la principessa: un ramo di arancio. Bevo l'idromele ed esco dalla taverna. Torno alla piazza della città dove ho lasciato il cavallo. Sul cavallo ho tantissimi prodotti da vendere. Cerco una borsa in particolare ed eccolo lì: un ramo di arancio.

Chissà se il medico **era al corrente** che un ramo di arancio poteva curare la principessa? Come faceva quella donna misteriosa a sapere come guarire la principessa? Il ramo di arancio era un ingrediente molto costoso e difficile da trovare, però io ce l'avevo! Prendo il ramo e torno alla taverna per parlare con la donna misteriosa.

Oh, no! Quando arrivo alla taverna, la donna **è sparita**! Non c'è più! Mi avvicino al bancone del bar e chiedo al cameriere:

–Senti.
–Sì? – mi dice il cameriere.
–La donna che era a quel tavolo dov'è?
–È andata via da poco.
–Oh, no!
–Perché lo vuoi sapere?

Non rispondo al cameriere ed esco di corsa dalla taverna. Guardo per strada, a sinistra e a destra. Non c'è. Dove sarà? Devo ritrovarla.

Annesso al capitolo 1

Riassunto

Valente è un commerciante e vende prodotti in giro per le varie città. Sul cammino per la città di Rocca Grigia, incontra un medico. Il dottore è stato chiamato a Rocca Grigia per curare la principessa che è molto malata. Arrivati in città, il medico va al castello mentre il commerciante va a bere qualcosa in una taverna. Lì ascolta una donna che dice di poter curare la principessa, ma dice anche di aver bisogno di un ramo di arancio per preparare la medicina. Il commerciante ha un ramo di arancio, così esce dalla taverna e va a prenderlo, ma al suo ritorno la donna è già andata via.

Vocabolario

- un commerciante = a trader
- proveniente da = coming from
- un regno = a kingdom
- guadagno = I earn
- in cambio = in exchange
- verso cui sono diretto = (the city) toward which I am directed
- una collina = a hill
- il cammino = the road
- la colina = hill
- la rotta = the route
- per favorire = to favour
- uno scrigno = a chest
- Non lo avrei mai detto = I would never have said this
- malata = ill, sick
- Si apprendono = you can learn
- usi e costumi = customs and traditions

- delle persone che li abitano = of the people who live in those places
- Poco tempo fa = not long ago
- il re = the king
- personalmente = in person
- finalmente = finally
- lega = (he) ties
- mi starà aspettando = (he) will be waiting for me
- Buona fortuna! = Good luck!
- entrambe le bestie = both animals
- vicoli = alleys
- si chiacchiera = people chat
- Che ti porto, forestiero? = What do I bring you, foreigner?
- Idromele = mead (alcoholic drink)
- caraffa= carafe
- rughe = wrinkles
- per sembrare occupato = to look busy
- Per chi mi prendi? = Who do you take me for?
- era al corrente = (he) was aware of
- è sparita = (she) disappeared

Domande a risposta multipla
Seleziona una sola risposta per ogni domanda

1. Perché quella città si chiama Rocca Grigia?
    a. Per via del castello
    b. Per la collina di rocce
    c. Per la piazza di colore grigio
    d. Per la principessa

2. Il medico chi dice di voler curare?
    a. La principessa
    b. Il cameriere
    c. Il re
    d. Un commerciante

3. Dove va il commerciante?
    a. Al castello
    b. Su per la collina
    c. In una taverna
    d. Nessuna delle precedenti

4. Il commerciante dove tiene i suoi prodotti?
    a. Nelle tasche
    b. In banca
    c. Sul suo cavallo
    d. Nessuna delle precedenti

5. Dov'è la donna misteriosa?
    a. Al castello
    b. Nella piazza
    c. In collina
    d. Nessuna delle precedenti

Soluzioni capitolo 1

1. b
2. a
3. c
4. c
5. d

Dove si trova la donna misteriosa? Io ho il ramo di arancio **di cui ha bisogno** per curare la principessa. È una questione molto urgente e importante. Il mio obiettivo non è quello di curare la principessa, ma quello di **riuscire a vendere** in questa città. Però se aiuto a curare la principessa, aiuto anche l'intera città.

Purtroppo sono ancora **in giro**, cercando di trovare la donna misteriosa, senza riuscirci. Chiedo a **un passante**:
–Scusa. **Per caso** hai visto una donna passare da qui da poco? È uscita da quella taverna, la sto cercando.
–Mi dispiace, non ho visto nessuna donna uscire dalla taverna.
–Grazie lo stesso.

Ho un'idea! Torno alla piazza dal mio cavallo. Lui sta ancora mangiando e bevendo acqua. Nella piazza c'è **un tabellone** di annunci. Nel tabellone ci sono diversi indirizzi e una lista dei negozi della città.

Leggo tutti i nomi dei lavoratori e dei negozi della città. Qualcuno forse mi potrà aiutare? Cerco **attentamente** nel tabellone e trovo una persona che, chissà, potrà essermi d'aiuto. Si chiama Boris ed è **il bibliotecario** della città. Controllo la mappa e vedo che la biblioteca non è lontana.

Così vado alla biblioteca. C'è una grande **porta d'ingresso** in metallo, ma sembra molto vecchia. La porta fa un rumore **fastidioso** quando la apro. All'interno vedo un uomo seduto al tavolo dell'accoglienza.

–Benvenuto, forestiero – mi dice quell'uomo.
–Salve! Sto cercando Boris.

–Boris? Quel vecchio pazzo? Beh, sarà sicuramente nella sezione dei testi antichi. Testi antichi quanto lui!

Non so se l'umore dell'uomo è sempre così oppure se semplicemente odia Boris da morire. **In ogni caso**, preferisco non chiedere.
–Bene, grazie dell'informazione.
–**Di niente**, forestiero.

Quando finisco di parlare con lui, l'uomo abbassa lo sguardo e torna a scrivere sulle sue pergamene.

Passeggio per la biblioteca. Non è una città grande però hanno una biblioteca enorme a molto antica. Avevo sentito parlare di questa biblioteca però non c'ero mai stato. Ci sono molti libri sugli scaffali, ma non c'è molta gente che legge. Bisognerebbe che la gente leggesse di più!
Cerco la sezione dei testi antichi e trovo un anziano che legge un libro enorme e **impolverato**. Prendo un libro da uno scaffale, uno che mi sembra essere interessante **a prima vista** e mi siedo al suo stesso tavolo. All'inizio Boris **non mi guarda neanche**, poi però mi chiede:
–Vuoi qualcosa?
–Per la verità, sì! – gli rispondo.

Boris chiude l'enorme libro che sta leggendo e **mi fissa**.
–Spero che tu non sia venuto **a prendermi in giro**.
–**Io non lo farei mai!**
–E allora perché parli con me? Nessuno vuole mai parlare col vecchio Boris. I libri sono i miei migliori amici.
–Cerco delle informazioni.
–Che tipo di informazioni?
–Informazioni su una persona.

–Qualcuno di questa città?

–Questo è quello che voglio sapere.

L'anziano ha una lunga **barba** e gli occhi **stanchi**. Deve aver letto moltissimo nella sua vita e per questo era molto **saggio**. Boris mi dice:

–Dimmi come si chiama.

–Non so come si chiama – rispondo.

–**Cominciamo bene!**

–Però so come è fatta.

–Bene, descrivimi questa persona.

Prima di iniziare la descrizione, mi concentro un attimo per ricordare l'aspetto di quella donna. Non voglio che l'anziano si confonda. È molto importante per me riuscire a trovare la donna giusta e non un'altra.

–Ha delle **caratteristiche somatiche** molto particolari. Ha i capelli molto lunghi e ricci, una pelle rugosa e una voce strana. Quando parla sembra **sussurrare**.

–Umm...

L'anziano **riflette** un istante, mentre con le dita **arriccia** la sua lunga barba.

–Credo di sapere chi sia.

–Lo sai?

–Va spesso alla taverna della via numero 3 vicino alla piazza.

–Sì, l'ho vista proprio lì!

L'anziano Boris si alza dal tavolo e cerca un libro negli scaffali. Sembra voler cercare ulteriori informazioni su quella donna. Forse non la conosce personalmente.

Quando si siede nuovamente mi dice:

–**Che lavoro fai?**

164

–Sono commerciante.

–Molto bene, commerciante. E il tuo nome è...

–Valente.

–Sembra il nome di **un guerriero**, piuttosto che quello di un commerciante.

–Lo so, però non l'ho scelto io il mio nome.

L'anziano cerca tra le pagine del libro per qualche minuto. È alla ricerca di qualcosa. Non so di che cosa, quindi gli chiedo:

–Cosa stai cercando?

–Esiste una lista dei viaggiatori che sono passati da questa città. Ultimamente ho visto spesso quella donna da queste parti. Non ci vedo molto bene però grazie alla tua descrizione forse **posso risalire a lei**.

–Va bene.

–Oh!

L'anziano fece una faccia sorpresa.

–Che succede? – gli chiedo.

–È davvero possibile che sia lei? Incredibile!

–Che cosa è incredibile?

–Credo che si tratti di Marian.

–Chi è Marian?

–**Una fattucchiera**. Una donna molto strana e misteriosa, però non ha mai fatto male a nessuno.

–Posso vedere il libro?

L'anziano mi lascia guardare il libro. Noto le pagine **ingiallite** del libro e leggo la descrizione della donna.

–Deve essere davvero lei! – dico.

–Quando viene in città di solito vende medicine alla bottega **Il Falco Bianco**. Puoi andare lì, di sicuro prima o poi la incontri.

–Speriamo! Grazie, Boris.

–Alla prossima, commerciante. Continua a leggere!

Esco dalla biblioteca e chiedo a una donna per strada:

–Mi scusi! Dov'è la bottega Il Falco Bianco?

–Gira su questa strada a sinistra e **prosegui dritto**, non è lontano.

–Perfetto! Grazie mille!

–Buona giornata!

Mi dirigo alla bottega e guardo attraverso la vetrina dalla strada. Marian, la fattucchiera è lì dentro.

Annesso al capitolo 2

Riassunto

Valente non riesce a trovare la donna misteriosa. Nel tabellone degli annunci che si trova al centro della piazza cerca la biblioteca della città. Il commerciante pensa che il bibliotecario Boris possa avere informazioni sulla donna. Valente trova l'anziano Boris e gli descrive la donna. Il vecchio gli dice che si tratta della strega buona, Marian. Boris dice a Valente di andare alla bottega Il Falco Bianco perché Marian è spesso lì a vendere le sue medicine. Il commerciante si dirige alla bottega e trova la donna.

Vocabolario

- di cui ha bisogno = that (she) needs
- riuscire a vendere = being able to sell
- Purtroppo = unfortunately
- in giro = around
- un passante = a passer-by
- Per caso = by any chance
- Grazie lo stesso = thanks anyway
- un tabellone = a bulletin board
- attentamente = closely, carefully
- il bibliotecario = the librarian
- porta d'ingrasso = main door
- fastidioso = irritating, annoying
- in ogni caso = in any case
- Di niente = no worries, not at all, (you are welcome)
- impolverato = dusty
- a prima vista = at a glance
- non mi guarda neanche = he doesn't even look at me
- mi fissa = (he) stares at me

- a prendermi in giro = to make fun of me, to mock me
- Io non lo farei mai! = I would never do that
- barba = beard
- stanchi = tired
- saggio = wise
- Cominciamo bene! = What a start!
- caratteristiche somatiche = physical traits
- sussurrare = to whisper
- ricci = curly
- riflette = (he) ponders
- arriccia = (he) curls
- Che lavoro fai? = what do you do?, what's your job
- un guerriero = a warrior, a fighter
- posso risalire a lei = I can backtrack her
- sussurra = (she) whispers
- Una fattucchiera = a sorceress, a witch
- ingiallite = yellowed
- Il Falco Bianco = The White Falcon
- prosegui dritto = go straight ahead

Domande a risposta multipla
Seleziona una sola risposta per ogni domanda

6. Come fa il commerciante a trovare la biblioteca?
    a. Facendo domande
    b. Leggendo
    c. Già lo sapeva
    d. Guardando il tabellone degli annunci

7. La biblioteca è:
    a. Grande e nuova
    b. Piccola e nuova
    c. Vecchia e grande
    d. Vecchia e piccola

8. Dove si trova il bibliotecario Boris?
    a. Nel tavolo dell'accoglienza
    b. Nella sezione dei testi antichi
    c. Per la strada
    d. Nella bottega de Il Falco Bianco

9. Cosa dice Boris al commerciante?
    a. La donna misteriosa è una strega buona
    b. La donna misteriosa è una strega malvagia
    c. Non conosce la donna misteriosa
    d. Nessuna delle precedenti

10. Dove si trova Marian?
    a. Nella piazza
    b. Al castello
    c. In una bottega
    d. Alla taverna

Soluzioni capitolo 2

6. d
7. c
8. b
9. a
10. c

Capitolo 3 – Il ramo di arancio

Entro nella bottega dove si trova la donna misteriosa. Sta parlando con **il negoziante**. Mi avvicino a lei e le dico:
–Salve.

La donna mi guarda. Vedo il suo **volto** da vicino. Sì! È lei, è la stessa donna che alla taverna parlava di curare la principessa con il ramo di arancio. Non sembra essere molto **gentile** con me:
–Che vuoi? – mi chiede con la sua voce sussurrata.

Le chiedo:
–Sei Marian?
–Come fai a sapere il mio nome?
–In pochi sanno il tuo nome, vero? Però sei Marian. Il tuo nome è registrato in biblioteca. I libri dicono che sei **una strega**.

La donna guarda il negoziante. Il negoziante sta comprando alcuni ingredienti da Marian. I due finiscono le loro **trattative** e poi Marian mi dice:
–Sì, io sono Marian. Ripeto: cosa vuoi?
–Ho un ramo di arancio.

Il volto di Marian cambia completamente. **Si sorprende** del fatto che io abbia un ramo di arancio.
–Un ramo di arancio? Voglio vederlo!

Le mostro il ramo e lei mi dice:
–È incredibile! Dove lo hai preso?
–La verità è che non lo so. Io commercio moltissimi prodotti in tante città. Sei davvero in grado di curare la principessa? Ti ho sentito parlare alla taverna. Hai bisogno del ramo, non è vero?

–Posso curare la principessa. Ho solo bisogno del ramo di arancio per completare la mia medicina.

–**Andiamo, dunque!**

Accompagno Marian alla sua **abitazione**. Lì c'era una piccola bottiglia aperta che conteneva una medicina già preparata.

–Dammi il ramo di arancio – mi dice sussurrando.

Tiro fuori il ramo di arancio e **glielo do**. Lei lo **mischia** con gli altri ingredienti e alla fine controlla la medicina.

–**Ecco fatto!**

–**Così presto?**

–Sì, dobbiamo andare subito al castello. Presto!

Marian e io arriviamo davanti al ponte del castello, ma le guardie ci bloccano e non ci fanno passare. Allora dico a una delle guardie:

–**Lasciaci passare**, per favore. Abbiamo una medicina che può curare la malattia della principessa e **salvarle la vita**.

–Nessuna medicina è in grado di curare la principessa. È molto malata.

–Abbiamo con noi un ramo di arancio. Di sicuro ne avrai sentito parlare.

La guardia ci pensa su un attimo. Sì, **in effetti** ne aveva sentito parlare di quell'ingrediente e per questo ci lascia passare.

Arriviamo alla stanza della principessa e lì parliamo col re. Lui ci dice:

–**Benvenuti** nella mia città. Vi prego, siete in grado di curare mia figlia? Ogni giorno le sue condizioni peggiorano. È molto malata.

–Guarirà!– gli rispondo.

Nella stanza c'è anche il medico, lo stesso uomo che avevo incontrato sul cammino per Rocca Grigia. Al lato del letto della principessa c'è il suo scrigno. Il medico sembra **stanco morto**.

–Salve– gli dico.

–Ah... Salve... – mi risponde.

Quasi non ci vede. I suoi occhi sono mezzi chiusi dal sonno.

–Sei il commerciante, vero?

–Sì. Come sta la principessa?

–Non migliora. Abbiamo provato di tutto, però le sue condizioni non migliorano. Continua a essere molto malata.

Io sorrido al medico e gli dico:

–Abbiamo una soluzione.

–Quale?

–Abbiamo una medicina con ramo di arancio.

–Ramo di arancio? È quasi impossibile da trovare! Non ne ho mai visto uno. Solo nei libri.

–Marian, fagli vedere la medicina, per favore.

Marian si avvicina al medico e tira fuori la medicina. Ha un colore arancione molto intenso e brillante.

Il medico prende la bottiglietta e la guarda attentamente.

–Dunque è così?... Interessante!

Marian prende la medicina e si avvicina alla principessa. Il re le dice:

–Aspetta! Tu sei una strega!

–Vuoi curare tua figlia oppure no?– risponde lei.

Il re guarda Marian con **un'espressione d'odio**, però alla fine le dice:

–Continua!

La donna **bagna le labbra** della principessa con una parte della fiala. Dopo qualche minuto la principessa comincia a **farfugliare** e a dire cose senza senso. Arrivata la mezzanotte, la principessa si sveglia **di colpo** e guarda tutte le persone attorno a lei.

Marian guarda la principessa e dice:

–Il mio lavoro qui è finito.

Marian si alza per andarsene. Sorpreso, il re le dice:

–Non vuoi la tua **ricompensa**?

–Non voglio oro. Voglio solo che il mio nome sparisca dai libri. Non sono una strega, né una maga, né niente del genere. Semplicemente io curo gli ammalati.

–Capito!

–Addio!

Il re si avvicina al letto per parlare con la figlia. I due sembravano felici di poter tornare alla normalità. Io chiedo al medico:

–Tu conoscevi Marian, non è vero?

–Sì.

–Chi è esattamente?

–La conosco, però è una storia molto lunga. Te la racconterò un'altra volta...

Alcuni giorni dopo, il re e il medico vengono a salutarmi perché io mi sto preparando per lasciare la città.

–Dove vai adesso? – mi chiede il re.

–Alla prossima città che incontro lungo il cammino.

–Voglio pagarti per i tuoi servizi.

–Ho solo bisogno di **coprire il costo** del ramo di arancio. Marian non mi ha pagato.

–Non c'è problema. Quanti pezzi d'oro costa?

–10.000 monete d'oro.

Il re rimane **a bocca aperta**. Il mio lavoro come commerciante è finito.

Annesso al capitolo 3

Riassunto

Il commerciante Valente trova Marian alla bottega. Le fa vedere il ramo di arancio e insieme vanno a casa della donna a preparare la medicina. Successivamente si dirigono al castello e lì c'è ancora il medico che il commerciante aveva conosciuto durante il viaggio. Il medico ha provato di tutto ma la principessa è ancora malata. Marian dà la medicina alla principessa e lei finalmente guarisce. Marian non vuole nessuna ricompensa, vuole solo che il suo nome venga cancellato dai libri. Prima di partire il re paga al commerciante il prezzo del ramo di arancio ed è molto caro.

Vocabolario

- il negoziante = the shopkeeper
- volto = face
- gentile = kind, polite
- poca gente = few people
- una strega = a witch
- trattative = negotiations
- Si sorprende = (she) is surprised
- Le mostro il ramo = I show her the branch
- Andiamo, dunque! = Let's go then!
- Accompagno = I go with, I accompany
- abitazione = home
- glielo do = I give it to her (the branch)
- mischia = (she) mixes
- Ecco fatto! = Done!, That's it!
- Così presto? = So soon?, so fast?
- Lasciaci passare = let us in
- salvarle la vita = to save her life

- in effetti = indeed
- Benvenuti = Welcome!
- stanco morto = dead tired
- un'espressione d'odio = an expression of hatred
- bagna le labbra =
- farfugliare = to babble
- di colpo = suddenly
- ricompensa = reward
- coprire il costo = cover the cost
- a bocca aperta = with the mouth open (expression of surprise)

Domande a risposta multipla
Seleziona una sola risposta per ogni domanda

11. Cosa stava facendo Marian alla bottega?
    a. Pulendo
    b. Comprando
    c. Vendendo
    d. Non si sa

12. Marian compra il ramo di arancio da Valente
    a. Vero
    b. Falso
    c. Vero, ma lo paga metà prezzo
    d. Falso, si rifiuta di pagare

13. Valente dà il ramo alla donna senza chiederle soldi in cambio
    a. Vero
    b. Falso
    c. Le fa uno sconto sul prezzo
    d. Si fa pagare in anticipo

14. Chi cura la principessa?
    a. Il re
    b. Il medico
    c. Valente
    d. Marian

15. Il medico conosce Marian
    a. Vero
    b. Falso
    c. Marian gli ricorda qualcuno
    d. Non si sa

Soluzioni capitolo 3

11. c
12. b
13. a
14. d
15. a

7. Esploratori

Capitolo 1 – Il pianeta deserto

Luna era una viaggiatrice. Una viaggiatrice che andava in giro con un piccolo robot **parlante**. Erano arrivati da poco in un nuovo pianeta deserto. Il robot e Luna viaggiavano sempre insieme esplorando i diversi pianeti. Perché lo facevano? C'era una guerra tra le fazioni dei diversi pianeti e Luna aveva perso la sua casa in **un bombardamento**. Aveva ancora la sua **navicella** per viaggiare nello **spazio** alla ricerca di cibo e di cose da vendere **al migliore offerente**.

Il suo robot si chiamava Kai. Questo era il primo giorno in cui si trovavano in un nuovo pianeta deserto e Luna e Kai avevano camminato per moltissimi chilometri. Le città e i villaggi erano stati abbandonati a causa della guerra. Era tutto molto triste. Luna si ricordava spesso della sua casa, di quella casa che non aveva più.

Arrivarono in un paesino abbandonato. Lì videro una grande **gioielleria**, però era chiusa. Il proprietario aveva abbandonato il negozio da molto tempo. Sicuramente era partito per la guerra.

–Kai! Aiutami! – disse luna al piccolo robot.

Il robot era di dimensioni molto piccole però camminava velocemente grazie a dei piedi meccanici. Le sue piccole mani erano molto forti ed **estremamente utili**. Insomma, delle volte **l'apparenza inganna!**

180

–Sì, Luna – le rispose il robot.

–Aiutami con **la persiana** di questo negozio. È chiusa e non riesco ad aprirla.

–Eccomi!

Il piccolo robot usò le sue mani di metallo per aprire la persiana. Era chiusa con **un lucchetto,** però Kai **lo ruppe facilmente** e la persiana **si sollevò.** Così riuscirono a entrare nella gioielleria.

–Oh! – **esclamò** Luna.

–Che succede? *Bip bip!* – chiese Kai.

–Non ci sono molti gioielli. Il proprietario avrà portato via quasi tutto.

–Questo è normale. Di sicuro avrà conservato i gioielli in una banca o in un altro **magazzino.** Non voleva perdere le sue ricchezze.

–Ha senso. Io avrei fatto lo stesso.

Entrarono nelle diverse stanze della gioielleria. Kai apriva i contenitori **chiusi a chiave** e Luna dava un'occhiata in giro. Da un'altra stanza, Luna chiese:

–Hai trovato qualcosa, Kai?

–Niente! Tutti i contenitori sono vuoti. Però ci sono alcuni gioielli nei tavoli!

–Di valore?

–Non molto, però qualcosa devono valere.

Luna e Kai presero i pochi gioielli che erano nei tavoli e li conservarono nello zaino che avevano con loro. Quando uscirono dal negozio successe qualcosa. Un uomo a pochi metri di distanza gli puntava contro una pistola contro.

–Fermi! Chi siete?

Luna e Kai non risposero.

–Parlate o sparo!

Kai disse:
–Le possibilità che ci spari con la pistola sono molto alte, Luna. Parla con lui.

Luna lo ascoltò:
–Il mio nome è Luna. Sto viaggiando col mio robot su questo pianeta. Siamo in questo paesino alla ricerca di oggetti che la gente non usa.
–Stai rubando?
–Non sto rubando. Questo paesino è abbandonato.

Lo sconosciuto abbassò la pistola e la conservò nella **fondina**.
–Era uno scherzo. Sono Jack. Sono un viaggiatore come te.

Jack si avvicinò al piccolo robot.
–Però! È un modello molto avanzato!

Kai rispose:
–Certo che sono un modello molto avanzato! Sei tu un modello primitivo!

Luna guardò Jack ridendo e anche lui si mise a ridere.
–È un robot molto carino – disse lui.
–Non è la cosa peggiore che gli abbia mai sentito dire – disse Luna.
–Senti, hai una navicella? Come sei arrivata su questo pianeta?
–Sì, ho una navicella qui vicino. Non pensiamo di rimanere qui a lungo.

Jack provava a essere **amichevole**.

–Adesso ritorno alla mia navicella. Tu guida la tua navicella accanto alla mia e viaggiamo insieme – disse lui.

–Perché dovremmo viaggiare con te? – chiese Luna.

–Conosco un posto che **vale la pena** vedere. C'è una città molto grande qui vicino.

–Va bene! Andiamo, sono curiosa.

Luna e Kai salirono sulla navicella e fecero come gli aveva detto Jack. Luna e Kai **pilotarono** la loro navicella accanto a quella di Jack. Le navicelle erano molto simili e andavano molto veloci. Inoltre potevano viaggiare per le spazio e non solo attorno pianeti. Jack attivò la radio della sua navicella per poter parlare con Luna e Kai e gli disse:

–Seguitemi.

Per un'ora volarono attraverso un deserto e poi un altro ancora.

–Luna, Kai, guardate laggiù!

La grande città di cui aveva parlato Jack era sotto di loro.

Luna **non poteva credere ai propri occhi** e gli disse via radio:

–Ma... ma... io pensavo che tutto il pianeta fosse stato abbandonato!

–Invece non è così!

La città era enorme e illuminata da mille luci. Era già notte e la città era ancora viva. Luna e Kai avevano pensato che tutto il pianeta fosse abbandonato, però non era così. Il paesino dove si trovava la gioielleria era stato abbandonato, questo è vero, però non è stato così per tutte le città.

Jack disse:

–Da queste parti non c'è molto da vedere. Possiamo andare a parlare con un mio amico al **porto spaziale** della città. Lui conosce tantissimi pianeti con ricchezze nascoste. Volete parlare con lui? Potremmo andare insieme a esplorare nuovi pianeti magari. Qui vicino ce ne sono molti abbandonati.

–Va bene!

–Fantastico! Seguitemi.

Le due navicelle atterrarono al porto spaziale della città. C'era una grande **insegna** con il nome della città: si chiamava Beta.

Luna, Kai e Jack scesero dalle navicelle e tornarono a parlare di persona.

Kai disse:

–**Rilevo** grande attività in questa città, *bip bip*!

–Non immaginavo l'esistenza di alcuna città su questo pianeta – disse Luna.

–I cittadini di Beta non hanno partecipato alla guerra. Non hanno voluto **immischiarsi** – disse Jack.

Fecero qualche passo e Jack mostrò il suo documento di riconoscimento alla guardia del porto, il quale disse:

–Potete passare. Benvenuti a Beta. **Godetevi il soggiorno**.

Annesso al capitolo 1

Riassunto

Luna è un'esploratrice e viaggia col suo robot Kai. Insieme esplorano pianeti deserti. È in corso una guerra tra i vari pianeti e diverse città sono state abbandonate. Luna e Kai entrano in una gioielleria abbandonata per trovare oggetti di valore da rivendere e quando escono incontrano un altro esploratore di nome Jack. Jack propone loro di viaggiare insieme e li porta in una città abitata. Quella città non ha partecipato alla guerra ed era ricca di attività e di gente.

Vocabolario

- parlante = talking
- un bombardamento = a bombardment, bombing
- la guerra = the war
- navicella = ship, spaceship
- spazio = space, outer space
- al miglior offerente = to the strongest bidder, to the highest bidder
- gioielleria = jewelry shop
- estremamente utili = extremely useful
- l'apparenza inganna = appearances are deceptive
- la persiana = the blind(s), the shutter
- Eccomi! = Here I am!
- un lucchetto = that way
- lo ruppe facilmente = (the robot) broke it easily
- si sollevò = it went up
- esclamò = (she) exclaimed
- magazzino = store room, warehouse
- Ha senso = it makes sense

- Io avrei fatto lo stesso = I would have done the same
- chiusi a chiave = locked
- Fermi! = Freeze!
- Stai rubando? = Are you stealing?
- fondina = holster
- Non è la cosa peggiore che gli abbia mai sentito dire = It's not the worst thing that I've ever heard him saying
- amichevole = friendly
- vale la pena = (it) is worthwhile
- pilotarono = (they) drove, (they) piloted
- non poteva credere ai propri occhi = she could not believe her own eyes
- porto spaziale = spaceport
- insegna = sign
- Rilevo = (I) detect
- immischiarsi = to meddle in, to muscle in
- Godetevi il soggiorno = enjoy the stay

Domande a risposta multipla
Seleziona una sola risposta per ogni domanda

1. Luna e Kai sono:
    a. Ladri
    b. Guerrieri
    c. Esploratori
    d. Musicisti

2. Nella gioielleria ci sono:
    a. Molti gioielli
    b. Pochi gioielli
    c. Degli uomini
    d. Non c'è niente

3. Chi è Jack?
    a. Un ladro
    b. Un guerriero
    c. Un musicista
    d. Un esploratore

4. La città Beta:
    a. È piena di gente
    b. È abbandonata
    c. Ha pochi abitanti
    d. È una leggenda

5. Jack vuole:
    a. Vivere nella città Beta
    b. Parlare con un amico
    c. Combattere in guerra
    d. Tornare alla gioielleria

Soluzioni capitolo 1

1. c
2. b
3. d
4. a
5. b

Capitolo 2 – Il porto spaziale

Il porto spaziale copriva un'area enorme. Moltissime navicelle atterravano e decollavano. Era considerato il centro della città. C'era **un via vai** continuo di gente. Le persone parlavano e discutevano questioni di ogni tipo. C'erano tante guardie e molto rumore.

Inoltre, all'interno del porto spaziale c'erano molti altri posti da visitare. Il porto comprendeva numerosi ristoranti dove era possibile mangiare **di tutto**. C'erano bar e altri luoghi di **intrattenimento** come ad esempio dei casinò. I piloti delle navicelle e le guardie **popolavano** i locali.

Jack disse:
–Benvenuti al porto spaziale di Beta! Che ve ne pare?
Il robot Kai rispose:
–Non mi piace! Non mi piace! Ci sono troppi umani!
–Che robot simpatico!
–Secondo i miei dati, sì, sono un robot simpatico.

Jack **si fece serio in volto** e continuò a camminare seguito da Luna e Kai. Luna chiese a Jack:
–Dove stiamo andando esattamente?
–Adesso andiamo da un mio amico. Lui possiede informazioni preziose su diversi tesori e numerose ricchezze su altri pianeti.
–Pianeti in guerra?
–Non lo so, prima parliamo con lui.

Jack entrò per primo. Era un bar poco illuminato, quasi **in penombra**. C'erano parecchi tavoli e la **musica alta**. Era un locale perfetto per parlare di cose private.

Un uomo salutò Jack quando entrò. Era seduto a un tavolo e sembrava un poco **brillo**. Stava bevendo il suo terzo bicchiere e fece segnale a Jack **affinché** si avvicinasse a lui.

Jack, Kai e Luna si sedettero accanto a lui.

–Bene, bene, bene, Jack! Da quanto tempo non ci si vede!

–Come va, Arnold?

–E loro chi sono? **Hai messo su famiglia?**

–Esploratori – disse Jack.

–Però! Altri esploratori! Mi piace, mi piace. Gli esploratori mi piacciono... hic! Scusate, ho **il singhiozzo**. È per via della **stagione secca** del pianeta.

–Scusa, ma ti conosco, Arnold. È a causa dell'alcol.

–Beh, sì! Anche per quello... Ah, ah!

Luna **aveva perso la pazienza**. Jack **se ne accorse** e le disse:

–Non preoccuparti, Luna. **La chiacchierata sarà breve**.

–Lo spero – disse lei.

Il cameriere del bar si avvicinò al tavolo e disse:

–Cosa desiderano i signori?

–Quattro vodke... –disse Arnold.

Poi però guardò Kai e cambiò l'ordine:

–Volevo dire... tre vodke.

–Io posso bere se voglio, *bip bip!* – disse Kai.

–**Sì, certo, come no!** Tre vodke, per favore – ordinò Arnold.

Il cameriere andò verso il bancone.

–Un robot simpatico! – disse Arnold.

–Sì, non è la prima volta che lo sento dire oggi! – rispose Luna.

–Bene, che volete? – chiese Arnold guardando Jack.

–Siamo alla ricerca di una nuova avventura. Tu conosci molti tesori e molti pianeti dove potremmo andare. Oltre alla città Beta, questo pianeta è deserto.

–Questo pianeta non è sempre stato deserto. Questo pianeta era un pianeta **verde e fertile**, però la guerra ha distrutto tutto.

–Tranne la città Beta.

–La città Beta è costruita sopra un'oasi. È un vantaggio.

Luna stava di nuovo perdendo la pazienza.

Jack se ne accorse di nuovo.

–Bene, Arnold, amico. Cerchiamo qualche altro pianeta dove andare. Abbiamo due navicelle di classe C pronte per partire. Conosci qualche luogo? **Hai delle novità?**

–Conosco un nuovo pianeta dove ci sono molti tesori, però poche persone **osano** andarci.

–Qual è il problema?

–È **un avamposto militare**.

–È attivo?

–Il problema è proprio quello. Non si sa A volte sì, è attivo, altre volte non c'è nessuno di guardia e altre volte si combattono battaglie violentissime.

–Che ci consigli dunque?

–Di andarci subito.

Jack, Luna e Kai si stupirono.

–Adesso? Subito? – dissero i tre.

–Sì– rispose Arnold.

–Perché tanta fretta?

191

–Ho appena ricevuto notizie recenti sull'avamposto. Mi hanno detto che è vuoto. Da due giorni. Non lo sa nessuno, però sul luogo dell'avamposto ci sono molte cose di valore.

–Ad esempio?

–Tecnologie, veicoli, vestiti... Di tutto!

Il cameriere si avvicinò al tavolo e servì le tre vodke. I quattro **non dissero una parola** mentre il cameriere era lì a servire da bere. Quando se ne andò, ripresero a parlare. Jack chiese a Luna:

–Ti interessa, Luna?

–Grazie per aver chiesto anche la mia opinione, umano! – disse il robot.

–Vi interessa, Luna e Kai? – chiese Jack **alterato**.

Luna ci pensò un momento. Era un po' stanca però aveva voglia di guadagnare dei soldi. Jack continuò a parlare:

–Siamo esploratori, però anche dei ribelli.

–Lo so. **A me non importa, io faccio quello che devo per vivere**.

–Questo è un sì?

–Sì, accetto.

Arnold ne fu molto contento e disse:

–Dunque è fantastico! Adesso **brindiamo**! Abbiamo tutta la notte davanti.

Luna disse:

–Io me ne vado in un albergo, proverò a dormire per qualche ora. Ci vediamo alle 4:00 Jack.

–Perfetto – rispose lui.

Arnold e Jack rimasero a parlare al tavolo. Parlavano di affari mentre Luna e Kai uscirono dal locale. In una strada, non molto lontana dal porto spaziale, trovarono un albergo. Affittarono una stanza e Luna se ne andò a letto. Kai, invece, si mise in pausa e ricaricò la sua batteria. Il piccolo robot non dormiva mai.

Luna provò a dormire, ma non ci riuscì. Provava una strana sensazione, ma non sapeva bene cosa fosse.

Annesso al capitolo 2

Riassunto

Luna, Kai e Jack atterrano al porto spaziale della città Beta. Lì vanno in un locale per parlare con Arnold, un amico di Jack. Arnold racconta di un luogo su un altro pianeta dove si trovano molti oggetti di valore. Si tratta di un avamposto militare anche molto pericoloso. Secondo Arnold bisogna partire subito. Luna, Kai e Jack accettano di partire il giorno stesso. Luna va in un albergo per dormire un po' ma ha una strana sensazione e non riesce a riposare.

Vocabolario

- un via vai = comings and goings
- di tutto = anything
- intrattenimento = entertainment
- popolavano = (they) crammed, (they) crowded
- si fece serio in volto = (he) became serious, he made a serious face
- in penombra = semi-darkness, dim light
- musica alta = loud music
- brillo = tipsy
- affinché = so that
- Hai messo su famiglia? = Have you settled down? Have you started a family?
- il singhiozzo = hiccup
- stagione secca = dry season
- aveva perso la pazienza = (she) lost patience
- se ne accorse = (he) noticed, (he) became aware of
- La chiacchierata sarà breve = the chat won't take long
- Sì, certo, come no! = Yes, of course, clearly! (ironic as in I don't believe that!)

- verde e fertile = green and fertile
- Hai delle novità? = have you got news?
- osano = (they) dare, venture
- un avamposto militare = a military outpost
- Che ci consigli dunque? = What do you recommend then?
- Perché tanta fretta? = Why in such a hurry?
- non dissero una parola = They didn't say a word
- alterato = angry
- A me non importa = I don't care
- Io faccio quello che devo per vivere = I do what I got to do to live
- brindiamo = Let's make a toast

Domande a risposta multipla

Seleziona una sola risposta per ogni domanda

6. Dove si trova il bar?
    a. In un porto spaziale
    b. Fuori dal porto spaziale
    c. In un altro pianeta
    d. Nel deserto

7. Chi è Arnold?
    a. Un amico di Luna
    b. Un amico di Kai
    c. Un amico di Jack
    d. Il cameriere

8. Dove si trovano i tesori e altri oggetti di valore?
    a. Nel porto spaziale
    b. In un altro pianeta
    c. Fuori dal porto spaziale
    d. In città

9. Cosa ordinano da bere?
    a. Tre vodke
    b. Quattro vodke
    c. Cinque vodke
    d. Non ordinano nulla

10. Quando devono partire alla ricerca dei tesori e degli oggetti di valore?
    a. Tra due giorni
    b. Il giorno stesso
    c. Il giorno dopo
    d. Immediatamente

Soluzioni capitolo 2

6. a
7. c
8. b
9. a
10. b

Luna non riuscì **a chiudere occhio** quella notte così parlò con Kai. Kai era un piccolo robot, però per Luna era un amico **fidato**. Ogni volta che Luna ne ha avuto bisogno lui l'ha sempre ascoltata e aiutata.

–Kai, **questa storia mi puzza**.

–Che cosa ti preoccupa, Luna? *Bip bip*!

–Non lo so, però è tutto troppo facile. Jack vuole andare con noi al pianeta dove si trova l'avamposto. Anche Arnold **è d'accordo**.

–Non c'è nulla di strano. Sicuramente **sono a caccia di commissioni** e saranno sicuramente percentuali molto alte.

–È possibile, però c'è anche dell'altro.

–Che cosa? *Bip bip*!

–Non lo so, però è già ora di andare. Sono quasi le 4:00.

Luna e Kai uscirono dalla stanza e andarono al porto spaziale. Lì si incontrarono con Jack. Fortunatamente non era **ubriaco**.

–Ciao Luna! – salutò Jack.

–Ciao, Jack. Quali sono le condizioni?

–Condizioni? A quali condizioni ti riferisci?

–Alle tue commissioni. Di certo Arnold vuole una parte dei tesori. Lui ci ha detto dove si trovano. Quelli come lui vogliono sempre una percentuale.

–Ah! Sì! Mi ha detto che quando torniamo ci parlerà delle commissioni. Andiamo adesso.

Luna guardò Kai e il piccolo robot ricambiò lo sguardo. Luna **era sempre convinta che ci fosse qualcosa sotto**.

Jack andò alla sua navicella e si guardò attorno.

–La mia navicella è pronta, Luna. Sembra tutto a posto. Ho già inserito le coordinate del pianeta e dell'avamposto. Anche tu?

–Sì. Partiamo?

–Bene, allora andiamo!

Luna e Kai entrarono nelle loro rispettive navicelle e accesero i motori. Jack fece lo stesso con i motori della sua navicella. Erano navicelle quasi identiche. **Diedero inizio** al decollo e iniziarono **a prendere quota**.

Mentre lasciavano il pianeta, Luna disse a Kai.

–Sono andata molte volte nello spazio, Kai, Eppure questi panorami **non mi stancano mai. Sono spettacolari**.

–Sì. Anche a me piacciono molto! *Bip bip*!

La navicella di Jack volava vicina alla navicella di Luna. Lui le parlò via radio:

–Potete dormire ancora un po' se volete. Attiviamo **il salto iperspaziale** e la navicella arriverà al pianeta di destinazione tra due ore. Siete pronti?

–Sì, andiamo.

Le due navicelle viaggiarono alla massima velocità attraverso lo spazio. I motori normali non erano sufficienti. C'era bisogno del salto interspaziale per viaggiare più velocemente.

Trascorsero due ore e le navicelle arrivarono al pianeta.

Jack parlò via radio ancora una volta:
–Siamo arrivati. Atterriamo, l'avamposto è laggiù.

Le due navicelle atterrarono e Jack, Luna e Kai uscirono dalle navicelle. Per il momento non c'era nessuno nell'avamposto. Jack effettuò dei controlli alla sua navicella e Luna esplorò un po' l'avamposto.

Era un avamposto all'aria aperta però c'erano anche alcuni edifici coperti. Luna e Kai non entrarono in nessun edificio. **D'un tratto** notarono **un forziere** accanto a un edificio.

Luna lo vide e chiamò Jack:
–Jack! Guarda!

Jack corse dove si trovava Luna e vide il forziere.
–**Evvai!** È enorme! – esclamò.
–Sicuramente ha **una combinazione di sicurezza.**
–Questa è la mia combinazione – disse Jack.

Tirò fuori la pistola e sparò al forziere. Il forziere si aprì automaticamente facendo molto rumore.
–Sei pazzo? Fai attenzione!
–Però almeno l'ho aperto!

Luna **borbottò** qualcosa però voleva vedere cosa c'era all'interno del forziere.
Guardarono all'interno e c'erano molte cose di valore, tesori e oggetti che si potevano vendere **a un buon prezzo.**
–È un bel **bottino!** – disse Luna.
–È stato troppo facile – disse Jack.
–Lo penso anch'io –rispose lei.

200

All'improvviso dagli edifici comparvero diversi soldati che **circondarono** i tre esploratori.

–**Altolà!** Non toccate il forziere! – urlano i soldati.

–**Tradimento!** – gridò Luna.

Luna si aspettava qualcosa del genere. Questa missione era sembrata strana fin dall'inizio. Era stato tutto fin troppo facile. Però finalmente aveva capito, si trattava di **una trappola**.

–È una trappola! Ci hai traditi! – disse Luna rivolta a Jack.

–Io non ho tradito nessuno. Non sono stato io! Oh, no...

–Cosa?

–Deve essere stato Arnold sicuramente!

I soldati **provarono a mettere le manette** a Luna e Jack, però Kai riuscì a impedirlo. Il piccolo robot correva molto più veloce degli umani e i soldati non riuscivano a prenderlo.

–Catturate quel robot! – gridò un soldato.

Il piccolo robot correva intorno a loro molto velocemente e **senza stancarsi**. Questo diede il tempo a Jack di combattere con i soldati e quando Luna lo vide, fece lo stesso. A poco a poco **si batterono** contro tutti i soldati che li avevano circondati. Il robot era molto utile nel distrarre i soldati.

Jack e Luna bloccarono per ultimi i soldati che volevano catturare il robot. Alla fine furono i soldati ad essere ammanettati.

–Ottimo lavoro, Kai – disse Jack.

–Evvai! *Bip bip*! **L'umano cerca di lusingarmi**.

201

Per una volta, Jack sorrise al piccolo robot.

–Che facciamo adesso? – chiese Luna.
–Andiamo da Arnold, ma prima ho un'altra idea.

Jack prese il comunicatore di uno dei soldati e cercò il nome di Arnold. Lo trovò e gli inviò un messaggio:
«Esploratori catturati. **Missione compiuta**».

–Che hai fatto con quel comunicatore? – chiese Luna.
–Ho inviato un messaggio falso ad Arnold. Adesso **diamocela a gambe levate!**

Le due navicelle decollarono dall'avamposto e tornarono alla città. Atterrarono di nuovo al porto spaziale. Dopo alcuni minuti Jack, Luna e Kai raggiunsero il bar dov'era Arnold. Lui stava ancora bevendo ed era sempre ubriaco. Quando li vide **restò di sasso**.
–Cameriere – disse Jack al cameriere mentre guardava Arnold, – quattro vodke qui, per favore.

Annesso al capitolo 3

Riassunto

Luna non riesce a dormire. Pensa che succederà qualcosa. Jack, Luna e Kai raggiungono l'altro pianeta. Arrivati lì trovano un forziere con un tesoro ma improvvisamente vengono circondati da dei soldati. Si tratta di una trappola, Arnold li aveva traditi. Con l'aiuto di Kai che distrae i soldati, Jack e Luna lottano con i soldati. Alla fine riescono ad ammanettarli e Jack manda un finto messaggio ad Arnold fingendosi uno dei soldati. I tre ritornano al bar della città Beta per confrontare Arnold che li aveva traditi. La sua trappola non aveva funzionato.

Vocabolario

- a chiudere occhio =to have a wink of sleep
- fidato = reliable, trusted, faithful
- questa storia mi puzza = this story stinks, smell fishy (something is wrong)
- è d'accordo = (he) agrees
- sono a caccia di commissioni = (they) are looking for commission, (they are hunting for)
- ubriaco = drunk
- era sempre convinta che ci fosse qualcosa sotto = (she) still believed there was something wrong
- Diedero inizio = (they) begin
- a prendere quota = to gain altitude
- non mi stancano mai = I never get tired of it
- sono spettacolari = they are extraordinary, they are spectacular
- il salto iperspaziale = the hyperspace jump
- D'un tratto = all at once, suddenly

- un forziere = a chest
- Evvai! = Hurray!
- una combinazione di sicurezza = a security combination lock
- borbottò = (she) grumbled, complained
- a un buon prezzo = at a good price
- bottino = loot, booty
- circondarono = (they) surrounded
- Altolà = Halt!
- Tradimento! = Betrayal!
- una trappola = a trap
- provarono a metter le manette = (they) tried to handcuff
- senza stancarsi = without getting tired
- si batterono = (they) fought
- l'umano cerca di lusingarmi= the human is trying to make me flattered
- Missione compiuta = Mission accomplished
- diamocela a gambe levate! = Let's leg it (to take to one's heels)
- restò di sasso = (he) was dumbfounded,

Domande a risposta multipla
Seleziona una sola risposta per ogni domanda

11. Quanto tempo impiegano per andare al pianeta?
    a. Un'ora
    b. Due ore
    c. Tre ore
    d. Quattro ore

12. Che succede quando arrivano al pianeta?
    a. L'avamposto non esiste
    b. Non trovano nulla di valore
    c. Vedono un forziere
    d. Vedono dei soldati e scappano

13. Gli esploratori lottano
    a. Tra di loro
    b. Con Arnold
    c. Con il robot
    d. Con i soldati

14. Chi vince la lotta?
    a. I due esploratori
    b. Kai
    c. I soldati
    d. Arnold e i soldati

15. Chi è il traditore
    a. Kai
    b. Arnold
    c. Luna
    d. Jack

Soluzioni capitolo 3

11. b
12. c
13. d
14. a
15. b

8. La costa

<u>Capitolo 1 – La barca moderna</u>

Ferdinando era un uomo **di età avanzata**. Aveva 67 anni ed **era in pensione**. Era estate ed era una bella giornata. Il sole scaldava molto e il cielo era azzurro. Ferdinando **si stava godendo** la sua pensione riposando e godendo di tutto quello che poteva.

Viveva vicino alla spiaggia però fino a 67 anni aveva lavorato nel **cuore finanziario della città**. Era **un impresario** di successo però non voleva più lavorare. Era stanco di lavorare. Voleva solamente viaggiare, mangiar bene e divertirsi.

Per questo aveva preso la macchina e aveva guidato per mezz'ora fino alla spiaggia. Lì parcheggiò la macchina vicino a un bar con vista sul mare. Scese dall'auto ed entrò nel bar. Era presto e per il momento non c'era molta gente, c'erano solo alcune persone che mangiavano e bevevano **nella terrazza**.

Ferdinando si avvicinò al bancone del bar e il cameriere lo vide.
–Buongiorno! Cosa prende?
–Una birra ghiacciata, per favore.
–Arriva subito!

Mentre aspettava la sua birra fredda, Ferdinando guardava la spiaggia. Sulla spiaggia c'erano tante persone. Molte erano famiglie in vacanza oppure giovani che si divertivano in acqua. Un uomo stava leggendo il giornale al bancone e **di tanto in tanto** guardava Ferdinando. Ferdinando se ne accorse però **fece finta di nulla**.

Il cameriere tornò e si avvicinò a Ferdinando per servirgli la birra ghiacciata.
–Quanto viene? – chiese Ferdinando.
–Sono 3 €.
–Prendi 5 € e tieni il resto.
–Grazie mille.

Il cameriere prese i soldi e andò a servire gli altri clienti. L'uomo che guardava Ferdinando si avvicinò a lui e gli disse:
–Mi scusi, signore. Vuole il giornale? Io ho finito.
–No, grazie. Non ho voglia di leggere.

L'uomo salutò Ferdinando **educatamente**.
–Mi chiamo Adolfo. **Piacere di conoscerla.**
–Io sono Ferdinando. Le serve qualcosa?
–Niente di speciale, grazie. Volevo solo **fare due chiacchiere**. Viene spesso qui?
–No, sono nuovo di queste parti.
–E che fa qui?
–Sono in pensione. Voglio solo riposare ed essere felice.

Ferdinando bevve un sorso di birra. Era così **rinfrescante**! Dopo chiese ad Adolfo:
–**Possiamo darci del tu?** Non mi piace dare del lei.
–Certo, Ferdinando.
–**Di che ti occupi?** – chiese Ferdinando.
–Affitto barche ai turisti su questa spiaggia.

−Ah, per questo mi stai parlando! − disse Ferdinando con un sorriso.

−Non esattamente. Mi piace conoscere gente nuova. Faccio affari coi turisti sulla spiaggia ma **li tratto bene**. Io chiacchiero con loro, se poi vogliono anche affittare una barca, beh, io sono sempre disponibile.

Ferdinando ci pensò un attimo.

−OK, dimmi cosa offri.

−Non era mia intenzione parlare subito delle mie barche, però se vuoi, passiamo parlarne.

−Sì, perché no? Può essere interessante

−D'accordo, sediamoci a quel tavolo, Ferdinando.

I due uomini si spostarono al tavolo più vicino alla spiaggia. La gente continuava a nuotare, a giocare e a prendere il sole sulla sabbia.

−Che vuoi sapere? − chiese Adolfo.

−Che tipo di barche hai?

−**Bella domanda**... Ho una nuova offerta speciale.

−E di che si tratta?

Adolfo prese dalla tasca il suo cellulare e lo posò sul tavolo. Aprì l'album delle foto e gli fece vedere quelle di una barca molto grande e **lussuosa**.

−Questa è l'ultima che mi rimane da affittare. È una bellezza. Sai navigare?

−Sì.

−Allora, Ferdinando, questa è proprio la barca **che fa per te**. Con lei puoi viaggiare in mare per una settimana. Non è costosa, ma neanche economica. Considera che è una barca di lusso. Il prezzo è ottimo.

Parlarono del prezzo per qualche minuto e alla fine **arrivarono a un accordo**.

–Devo chiederti un'ultima cosa prima di prendere la barca – disse Ferdinando.

–Che cosa?

–Voglio che la proviamo insieme. Sono barche nuove e moderne e a me la tecnologia non piace. Ho bisogno di vedere come funzionano i comandi, i display, la radio... **Tutto insomma**.

–Non c'è problema. Vieni con me, andiamo subito.

–Ce l'hai qui?

–Qui vicino, possiamo andare a piedi.

Ferdinando finì la sua birra e i due uomini si alzarono. Uscirono dal bar e camminarono vicino alla spiaggia. Arrivarono al locale di Adolfo ed entrarono nella sua officina. Adolfo salutò la segretaria e i suoi dipendenti, quindi i due uomini continuarono a camminare fino al piccolo porto.

Eccola lì. La barca di Adolfo era una barca bianca, grande e molto moderna. Sembrava super tecnologica.

–La vedo un po' troppo moderna per me – disse Ferdinando.

–Ma no! – disse Adolfo. –È facilissima da navigare. Vieni, ti faccio vedere.

Ferdinando e Adolfo salirono sulla barca e si misero ai comandi. Adolfo spiegò tutto **passo passo**. Ferdinando **apprese velocemente**.

–Vedi? – disse Adolfo. –Non è poi così difficile, no?

–**A dir la verità**, no. **Si manovra** piuttosto facilmente.

–La vuoi provare?

–Sì, la vorrei provare.

I due uomini accesero la barca e usciti dal porto iniziarono a navigare non lontano dalla costa. Ferdinando avvertì la sensazione piacevole dell'aria fresca sul volto. Era una bella giornata.

Annesso al capitolo 1

Riassunto

Ferdinando è in pensione. Dopo tanti anni di lavoro adesso vuole solo riposare e divertirsi. Una mattina va al mare. Entra in un bar e ordina una birra. Un uomo di nome Adolfo comincia a chiacchierare con lui. Adolfo affitta barche di lusso e gli mostra le foto di una barca ancora disponibile. Ferdinando sembra essere interessato e chiede di vederla. I due si dirigono al porto e una volta sulla barca Adolfo spiega a Ferdinando come manovrarla. Alla fine i due fanno un giro di prova non lontano dalla costa.

Vocabolario

- età avanzata = advanced age
- era in pensione = (he) was retired
- si stava godendo = (he) was enjoying
- cuore finanziario della città = financial heart of the city
- un impresario = a businessman
- nella terrazza = on the terrace
- di tanto in tanto = from time to time
- fece finta di nulla = he acted as he hadn't noticed
- educatamente = politely
- Piacere di conoscerla = coast
- Fare due chiacchiere = early
- rinfrescante = terrace
- Possiamo darci del tu? = Nice to meet you (formal)
- Di che ti occupi? = What do you do?
- li tratto bene = I treat them well (I'm fair in business, I don't take advantage of them)
- Bella domanda = Good question

- lussuosa = luxurious
- che fa per te = it's right for you
- arrivarono a un accordo = (they) reached an agreement
- Tutto insomma = everything in fact
- passo passo = step by step
- apprese velocemente = (he) learnt quickly
- A dir la verità = To be honest
- Si manovra = you can maneuver

Domande a risposta multipla
Seleziona una sola risposta per ogni domanda

1. Qual è il lavoro di Ferdinando adesso?
   a. Imprenditore
   b. Tassista
   c. Cameriere
   d. Non lavora più

2. Com'era il tempo?
   a. Nevicava
   b. Pioveva
   c. C'era il sole
   d. C'era una tormenta

3. Quanto pagò Ferdinando per la birra in totale?
   a. 2 €
   b. 3 €
   c. 4 €
   d. 5 €

4. Qual era il lavoro di Adolfo.
   a. Vendeva auto
   b. Affittava macchine
   c. Vendeva barche
   d. Affittava barche

5. A Ferdinando piaceva la tecnologia
   a. Vero
   b. Falso
   c. Non si sa
   d. Era un inventore

Soluzioni capitolo 1

1. d
2. c
3. d
4. c
5. b

Ferdinando e Adolfo navigavano non lontano dalla costa. All'inizio Ferdinando non era sicuro di volere affittare la barca, ma adesso non aveva dubbi.

–Mi piace molto questa barca. È facile da manovrare e i comandi sono intuitivi.

–Allora la vuoi affittare per un viaggio?

–Sto pensando di comprarla.

Adolfo non si aspettava quella risposta.

–Comprarla?

–Proprio così. Mi piace un sacco questa barca.

Adolfo non rispose subito, così Ferdinando chiese:

–Perché non rispondi?

–Beh, la barca è solo in affitto. Non è **in vendita**.

–Che peccato!

–Però puoi affittarla per tutto il tempo che vuoi.

–Va beh! **Meglio di niente!**

Navigarono per alcune ore parlando della loro vita e di molte altre cose ancora. La costa si vedeva in lontananza e cercavano di non allontanarsi oltre.

–Ho una proposta da farti, Ferdinando.

–Un'altra avventura?

–Forse! Che ne pensi se ci allontaniamo ancora un po'? Non vado mai così lontano. Vorrei vedere gli altri villaggi lungo costa.

–Perché no? Per me va bene.

–Andiamo allora!

La barca navigava molto **velocemente**. La costa era sempre visibile. Finalmente incontrarono il primo villaggio.

Ferdinando chiese:

–Che villaggio è quello?

–È il villaggio più vicino al nostro lungo la costa. Hanno un bar sulla spiaggia molto grande, come quello dove ci siamo conosciuti.

–Anche quello è un villaggio turistico? Ci sei stato, Adolfo?

–Sì, affitto le mie barche anche lì. La gente ama stare in spiaggia, ma c'è anche chi vuole vedere la costa da qui. Adesso ci stiamo avvicinando al prossimo villaggio.

Navigarono in direzione del secondo villaggio. Questo villaggio era **diverso da quello precedente**.

–**E di quello che mi dici**, Adolfo?

–È un villaggio di **pescatori**. Non è un villaggio turistico. Lì vivono tanti pescatori che **si guadagnano da vivere** con la pesca. Intere generazioni che pescano e guadagnano vendendo il loro pescato.

–Anche lì affitti le tue barche?

–No. Io affitto barche **principalmente** nei villaggi turistici. Quei pescatori la costa la conoscono già perfettamente.

–Già, immagino!

Navigarono ancora oltre e il villaggio di pescatori già non si vedeva più alle loro spalle. Adesso c'era solo la costa. Non c'erano spiagge, solo rocce e alberi.

–Dove andiamo adesso? – chiese Ferdinando.

–Il terzo villaggio è un villaggio turistico, però è anche un centro per gli affari. Tu eri un imprenditore, giusto?

–Sì, io mi occupavo di affari, però adesso mi godo la pensione. L'unica cosa che voglio fare è viaggiare e riposare.

–Beh, non perderemo molto tempo "facendo affari" in quel villaggio. Però abbiamo bisogno di **provviste**.

–Ah, Ah! Capito. Immagino che posso ancora occuparmi di quel tipo di negoziazione!

La barca **attraccò** al porto del terzo villaggio. Scesero dalla barca ed entrarono in un negozio lì vicino. Il negozio vendeva oggetti e **utensili di ogni tipo.**
–Buongiorno, George! – disse Adolfo.
–Guarda un po' chi si vede! Adolfo! Come stai amico mio? – disse George, con un accento straniero.
–Molto bene, George. **Ti presento** Ferdinando, il mio nuovo amico e cliente.
–Piacere, Ferdinando. Allora, che cosa vi serve?
–Vogliamo un po' di tutto per la barca.

Adolfo spiegò a George che volevano molte provvista: cibo, acqua, piccoli attrezzi per le riparazioni, ecc.
George fece i calcoli e disse il prezzo ad Adolfo:
–Fanno 45,30 €.
–Prendi.
–Grazie mille.

Prima di uscire dal negozio, Adolfo chiese a George:
–Senti, George. Vogliamo navigare ancora un po' lungo la costa. So che da quella parte ci sono molti altri villaggi, però **non so esattamente quali. Siamo a caccia di avventure.** Ne conosci qualcuno che sia interessante da visitare?

George ci pensò un attimo e disse:
–Così **su due piedi** non saprei.
–Pensaci un attimo – disse Adolfo.
–Dammi un momento.

George prese un libro che teneva in **un armadietto** e iniziò a **sfogliare le pagine.**

Indicò col dito la foto di **un faro**.

–Questo **vale la pena** – disse George.

–Cosa c'è di interessante? – chiesero Ferdinando e Adolfo all'unisono.

–Il villaggio ha un faro molto bello. Si trova a mezz'ora da qui, però è difficile arrivarci e poi quel villaggio ha anche qualcosa di strano.

–Che cosa?

–Nessuno dei suoi abitanti è più venuto a comprare nulla da circa due anni. Credo sia stato abbandonato.

–Sembra proprio il tipo di avventura che stavamo cercando, Ferdinando – disse Adolfo.

–Sembra proprio di sì.

George chiuse il libro e lo riposò dove lo aveva preso.

–Andrete al villaggio del faro, dunque?

–Sì, **l'idea è quella** – rispose Adolfo.

–Allora, **buon viaggio!**

–Grazie di tutto, George! **Alla prossima!**

Ferdinando e Adolfo tornarono alla barca e sistemarono il contenuto delle borse. Adolfo mise in moto la barca e il motore iniziò a **rombare**.

Ferdinando chiese ad Adolfo:

–Senti, Adolfo. Cosa pensi troveremo al villaggio del faro?

–No lo so, ma lo scopriremo.

–Questa è proprio un'avventura **inaspettata**.

–Lo è davvero!

Annesso al capitolo 2

Riassunto

Ferdinando e Adolfo continuano a viaggiare lungo la costa. Il primo villaggio che vedono è un posto turistico. Il secondo è un villaggio di pescatori. Al terzo villaggio decidono di attraccare per comprare delle provviste. Vanno al negozio di George. Il proprietario del negozio gli suggerisce di visitare il villaggio con il faro anche se sembra essere abbandonato da circa due anni. Ferdinando e Adolfo decidono di andare a scoprire il mistero di quel villaggio.

Vocabolario

- in vendita = for sale
- meglio di niente! = better than nothing!
- velocemente = fast
- diverso da quello precedente = differente from the previous one
- E di quello che mi dici? = And what can you tell me about that one?
- pescatori = fishermen
- si guadagnano da vivere = (they) earn a living
- principalmente = mainly, mostly
- provviste = supplies
- attraccò = (it) docked, moored
- utensili di ogni tipo = all kind of utensils
- Guarda un po' chi si vede! = Look who's there!
- Ti presento = This is..., I introduce you to...
- non so esattamente quali = I don't know exactly which ones
- siamo a caccia di avventure = we are looking for adventures (we are hunting for adventures)

- su due piedi = on the spot
- un armadietto = a cabinet
- sfogliare le pagine = to turn the pages
- un faro = a light house
- vale la pena = it is worth it
- sembra proprio di sì = so it seems
- l'idea è quella = that's the idea
- buon viaggio! = enjoy your trip
- Alla prossima! = see you!
- rombare = to roar (the sound of an engine)
- inaspettata = unexpected

Domande a risposta multipla
Seleziona una sola risposta per ogni domanda

6. È possibile comprare la barca?
   a. Sì
   b. No
   c. Dipende dalle condizioni
   d. Non si sa

7. Che tipo di villaggio è il primo villaggio che incontrano?
   a. Commerciale
   b. Turistico
   c. Un centro di affari.
   d. Di pescatori

8. –Che tipo di villaggio è il secondo che incontrano?
   a. Per il commercio
   b. Turistico
   c. Per il commercio e turistico
   d. Di pescatori

9. George conosce Adolfo?
   a. No
   b. È suo fratello
   c. Sì
   d. Non si sa

10. In quale villaggio vanno Ferdinando e Adolfo alla fine?
    a. Al villaggio con le spiagge
    b. Al villaggio di pescatori
    c. Al villaggio del faro
    d. Rimangono nel villaggio dove si trova il negozio

Soluzioni capitolo 2

6. b
7. b
8. d
9. c
10. c

Il mare era **sereno**. Era quasi sera e i colori del cielo erano cambiati. Il cielo aveva sempre po' di azzurro però il sole non scaldava più così tanto. Ferdinando era seduto e guardava il mare, mentre Adolfo leggeva dei libri. Ferdinando era curioso di sapere cosa stesse leggendo Adolfo. Per questo si alzò e andò a parlare con lui.

–Che stai leggendo? – chiese Ferdinando mentre si sedeva **al suo fianco**.

–Sto cercando informazioni su quel villaggio con il faro. Ci sono alcune cose che non capisco. I libri hanno pochissime informazioni su quel villaggio.

–Come mai?

–Il motivo non lo so, per questo sto leggendo, per cercare di trovare **più informazioni possibili** in questi libri.

Ferdinando prese uno dei libri che **si intitolava**:

«Informazioni sui villaggi della costa, volume 2».

–Questo libro che dice? – chiese Ferdinando.

–Niente di particolare. Niente di più di quello che ci ha già detto George – rispose Adolfo.

–Che informazioni hai trovato?

–Che si tratta di un piccolo villaggio di 100 o 200 abitanti.

–Però! È davvero piccolo!

–Già!

Ferdinando continuò a sfogliare il libro che aveva aperto e trovò qualcosa di interessante.

–Guarda, Adolfo, ho trovato qualcosa di interessante in questo libro. Magari questo **ti è sfuggito**, perché è **scritto in piccolo.**

–Che dice?

–Dice che il villaggio è abbandonato da qualche anno.

–Da quanto tempo esattamente?

–Beh... circa 2 anni.

–Esattamente quello che ci ha detto George: che nessuno compra attrezzi né utensili da due anni.

–Dobbiamo scoprire perché è stato abbandonato, Adolfo.

Adolfo chiuse il suo libro e Ferdinando continuò a cercare altre informazioni:

–Qui dice anche che è molto difficile raggiungere il villaggio. C'è un **fondale roccioso** e subito **scogliere e precipizi. Pare sia pericoloso** arrivarci in barca. Questo è il motivo per cui c'è un faro.

–Non preoccuparti, Ferdinando. **Se si rompe la barca me ne assumo la colpa.**

–Ah, ah! Allora per il momento non l'affitto!

Ferdinando chiuse il libro e lo diede ad Adolfo. Rimisero a posto i libri e navigarono per mezz'ora. Alla fine videro le scogliere e i precipizi.

–Bene, – disse Adolfo. –**Ci sarà da divertirsi!**

–Fa' attenzione, Adolfo.

–Non preoccuparti, **so manovrarla molto bene.**

La barca si scontrò contro piccole rocce e **oscillò** molto. **Quando si inclinava troppo, si imbarcava acqua.** La barca oscillava sempre di più.

–**Aggrappati**, Ferdinando!

La barca si muoveva in modo violento, però dopo cinque minuti riuscirono a raggiungere un piccolo porto.

–Sono troppo vecchio per tutto questo, **un altro po' e mi prendeva un colpo!** – disse Ferdinando.
–Non avevi detto di voler vivere un'avventura? **E per di più gratis!**

Ferdinando scoppiò a ridere e anche Adolfo.
I due attraccarono la barca al porto abbandonato e scesero a terra. Al porto l'acqua era calma.

Sembrava davvero un piccolo villaggio. C'erano tante case di pietra, però nessuna persona. C'era ancora una piccola barca di legno, **con tanto di** remi, attraccata al molo. E in alto **spiccava** il faro sulla collina. La collina era molto alta e grande e il faro non funzionava. **Non emetteva luce.**

–Facciamo una cosa – disse Adolfo – andiamo a esplorare le case. Magari troviamo qualcosa di utile. Non ci sono più barche qui, solo quella piccola barca di legno.
–D'accordo, andiamo in esplorazione. Tu vai avanti, io ti seguo.
–Hai paura?
–Ma che dici! Semplicemente non vorrei ritrovarmi **zoppo o che ne so.**

Adolfo rise e iniziò a camminare. Al centro del villaggio, c'era una grande casa, anche questa pietra. Era la casa più grande del villaggio ed era anche molto più grande di molte delle case degli altri villaggi. Adolfo aprì la porta ed entrò.
–Sembra la casa dove può riunirsi l'intero villaggio – disse Ferdinando.
–Sicuramente era così.

–Dovranno esserci delle informazioni sul perché il villaggio è stato abbandonato.

Ferdinando trovò alcune informazioni sulle altre case del villaggio, ma niente sul motivo dell'abbandono. Sfogliò vecchi libri e cercò indizi di qualunque tipo. Dieci minuti dopo, Ferdinando e Adolfo non avevano ancora trovato niente di utile.

–Andiamo al faro – suggerì Adolfo.

Salirono su per la collina e il faro era lì, vecchio, però **ancora intatto**. Entrarono e **salirono in cima** da dove si vedeva tutto il villaggio. La grande casa al centro del villaggio sembrava molto più piccola da lassù. Si vedevano le altre case e persino la barca di Adolfo e la barchetta coi remi.

Adolfo trovò gli ultimi dati del faro.
–Guarda, Ferdinando. Gli ultimi dati del faro. Li leggo:
«Abbandoniamo definitivamente il villaggio. La collina e i precipizi non sono sicuri. Le rocce stanno crollando sulle nostre case. Siamo costretti ad andarcene».
–Allora è questo il motivo! – esclamò Ferdinando. –Le rocce crollano sulle case. La gente se n'è andata per paura.

Senza alcun preavviso, il faro iniziò **a sgretolarsi** sotto i loro piedi e le rocce travolsero Adolfo.
–Adolfo! Adolfo! – **urlò** Ferdinando.

Ferdinando chiamò l'amico Adolfo molte volte ma non ottenne alcuna risposta. Metà del faro **era ceduto**, però la struttura **non era crollata del tutto**.
–Oh, no! Oh, no, no, nooo!

Ferdinando scese fine al porto. Salì sulla barca e provò a chiamare aiuto via radio. Però sembrava non esserci alcun segnale. Aveva imparato a navigare la barca moderna così iniziò le manovre per uscire dal porto. Fu molto difficile per via delle rocce.

Arrivò al villaggio di George ed entrò nel suo negozio. Ferdinando era **spaventato** e i suoi vestiti erano **strappati**.

–Che è successo?– gli chiese George quando lo vide.

–Dobbiamo chiamare aiuto!

Tre ore dopo, **la guardia costiera, la protezione civile** e altre **forze dell'ordine** erano ancora impegnati nelle ricerche. Tutti cercavano Adolfo al faro e la guardia costiera lo cercava in mare. Era già notte e nonostante le tante ore di ricerche Adolfo non fu ritrovato. Ferdinando era molto triste. Si fece accompagnare **al largo** dove era **ancorata** la barca di Adolfo per riposare un po'. Era molto stanco. Non aveva potuto salvare Adolfo e si sentiva in colpa per questo.

D'un tratto, nel bel mezzo della notte, qualcuno chiamò Ferdinando. Era **buio pesto**. Ferdinando non riusciva a vedere chi fosse.

–Chi sei?– chiese.

–Sono Adolfo!

–Adolfo? Sei tu?

Ferdinando uscì dalla **cabina**, accese una torcia e vide Adolfo. Anche i suoi vestiti erano tutti strappati e non aveva una bella faccia, però gli sorrise.

–Come hai fatto a salvarti e ad arrivare fin qui? – chiese Ferdinando.

Adolfo stava sopra la piccola barca di legno.

228

–Sono arrivato fin qui **remando**. Secondo me le avventure possono bastare per il momento. **Tu che ne dici? Ah, ah!**

Annesso al capitolo 3

Riassunto

Ferdinando e Adolfo navigano fino al villaggio col faro. L'attracco al porto è difficile a causa del fondale roccioso. Al porto vedono solo una piccola barca di legno. Dopo aver esplorato in giro per cercare informazioni sul villaggio, i due decidono di entrare nel faro. Lì trovano un messaggio che spiega il motivo dell'abbandono del villaggio: le rocce sono franabili. D'un tratto il faro cede in parte e Adolfo scompare tra le macerie. Ferdinando va al villaggio di George per chiedere aiuto. Dopo ore di ricerche Adolfo non è ancora stato trovato. Ferdinando è triste e va a dormire sulla barca di Adolfo ancorata al largo. Nel cuore della notte sente qualcuno che lo chiama. Si tratta di Adolfo che lo ha raggiunto con la piccola barca a remi.

Vocabolario

- sereno = calmly
- al suo fianco = on his side, next to him
- Come mai = How come
- più informazioni possibili = as much information as possible
- si intitolava = entitled
- Niente di particolare = nothing special
- ti è sfuggito = you missed it
- scritto in piccolo = in small print
- fondale roccioso = rocky sea bottom
- scogliere e precipizi = cliffs and precipices
- Pare sia pericoloso = Apparently it's dangerous
- Se si rompe la barca me ne assumo la colpa = if the boat breaks, it'll be my fault

- Ci sarà da divertirsi! = it's going to be fun!
- so manovrarla molto bene = I can maneuver it very well
- oscillò = (it) oscillated, fluctuated
- Quando si inclinava troppo = when it tilted too much
- si imbarcava acqua = it was embarking water
- Aggrappati = grab on to
- un altro po' e mi prendeva un colpo! = it scared the living daylights out of me
- e per di più gratis! = as if it wasn't enough, even for free!
- con tanto di = complete with
- spiccava = it sticked out, standed out
- non emetteva luce = (it) didn't emit light
- zoppo o che ne so = limping or something like that
- ancora intatto= still intact
- Senza alcun preavviso = With warning, without notice
- a sgretolarsi = to crumble, to crush
- urlò = (he) screamed
- era ceduto = (it) collapsed, caved in
- non era crollata del tutto = (it) had not crushed down completely
- spaventato = scared
- strappati = torn, ripped
- la guardia costiera = the coastguard
- la protezione civile = emergency preparedness team
- forze dell'ordine = security force, law enforcement authorities
- al largo = off shore
- ancorata = anchored
- buio pesto = pitch dark, pitch black
- cabina = cabin
- remando = rowing

- Tu che ne dici? = what do you think?

Domande a risposta multipla
Seleziona una sola risposta per ogni domanda

11. Perché è difficile navigare fino al villaggio del faro?
    a. Perché è troppo lontano
    b. Perché ci sono delle rocce sul fondo
    c. Perché non c'è luce
    d. Perché non si sa dove sia

12. Quanti abitanti ci sono al villaggio
    a. Una persona
    b. Poca gente
    c. Molta gente
    d. Nessuna delle precedenti

13. Perché il villaggio è stato abbandonato dai sui abitanti?
    a. Perché non era possibile pescare
    b. Perché non c'era luce
    c. Perché era molto lontano
    d. Perché c'erano dei pericoli

14. Che cosa succede al faro?
    a. Il faro si rompe e Adolfo scompare
    b. Il faro si rompe e trascina Ferdinando
    c. La casa di pietra si rompe
    d. Il faro si accende

15. Come fa Adolfo a raggiungere la sua barca al largo?
    a. Con la barca moderna
    b. Nuotando
    c. Con la barchetta di legno
    d. Nessuna delle precedenti

Soluzioni capitolo 3

11. b
12. d
13. d
14. a
15. c

FINE

This title is also available as an audiobook.

For more information, please visit the Amazon store.

Thanks for Reading!

I hope you have enjoyed these stories and that your Italian has improved as a result! A lot of hard work went into creating this book, and if you would like to support me, the best way to do so would be with an honest review on the Amazon store. This helps other people find the book and lets them know what to expect.

To do this:

1. Visit http://www.amazon.com
2. Click "Your Account" in the menu bar
3. Click "Your Orders" from the drop-down menu
4. Select this book from the list and leave an honest review!

Thank you for your support,

- Olly Richards

More from Olly

If you have enjoyed this book, you will love all the other free language learning content I publish each week on my blog and podcast: *I Will Teach You A Language.*

The *I Will Teach You A Language* blog

Study hacks and mind tools for independent language learners.

http://iwillteachyoualanguage.com

The *I Will Teach You A Language* podcast

I answer your language learning questions twice a week on the podcast.

http://iwillteachyoualanguage.com/itunes

Here's where to find me on social media. Why not get in touch - I'd love to hear from you!

Facebook: http://facebook.com/iwillteachyoualanguage

Twitter: http://twitter.com/olly_iwtyal

Printed in Great Britain
by Amazon